Embodied Communication

Embodied Communication

Maja Storch, Wolfgang Tschacher

Maja Storch
Wolfgang Tschacher

Embodied Communication

Kommunikation beginnt im Körper, nicht im Kopf

2., erweiterte Auflage

hogrefe

Dr. Maja Storch
Institut für Selbstmanagement
und Motivation Zürich ISMZ GmbH
Spin-off der Universität Zürich
Scheuchzerstrasse 21
CH-8006 Zürich
E-Mail: maja.storch@ismz.ch

Prof. Dr. Wolfgang Tschacher
Universitätsklinik für Psychiatrie
und Psychotherapie
Bolligenstrasse 111
CH-3060 Bern
E-Mail: tschacher@spk.unibe.ch

Bibliografische Information der Deutschen Nationalbibliothek
Die Deutsche Nationalbibliothek verzeichnet diese Publikation in der Deutschen Nationalbibliografie; detaillierte bibliografische Daten sind im Internet über http://www.dnb.de abrufbar.

Anregungen und Zuschriften bitte an:
Hogrefe AG
Lektorat Psychologie
Länggass-Strasse 76
3012 Bern
Schweiz
Tel. +41 31 300 45 00
info@hogrefe.ch
www.hogrefe.ch

Lektorat: Dr. Susanne Lauri
Herstellung: Daniel Berger
Druckvorstufe: Claudia Wild, Konstanz
Umschlaggestaltung: Claude Borer, Basel
Druck und buchbinderische Verarbeitung: Finidr s. r. o., Český Těšín
Printed in Czech Republic

1. Nachdruck 2022 der 2., überarbeiteten Auflage 2016

(E-Book-ISBN_PDF 978-3-456-95614-5)
(E-Book-ISBN_EPUB 978-3-456-75614-1)
ISBN 978-3-456-85614-8
https://doi.org.10.1024/85614-000

Inhalt

Vorwort zur 2. Auflage 7

Einleitung 11

1. Kapitel: Der theoretische Rucksack 23
Das Denken ist embodied 23
Wissenschaftliche Belege für Embodiment 32
Emotion und Affekt 36
Zimt im Gehirn 41
Wie das in die Selbstorganisationstheorie passt 44
Die Randbedingungen offener Systeme 47

2. Kapitel: Theoretischer Rucksack für Kommunikation: von der Kanaltheorie zur Embodied Communication (EC) 51
Kanaltheorie: Die Illusion von Sender – Botschaft – Empfänger 51
Kritik der Kanaltheorie 57
Synchronie als Grundlage der Embodied Communication . . 61

3. Kapitel: Wenn negative Affekte auftauchen 71
Schwache negative Affekte 72
Mittlere negative Affekte 76
Starke negative Affekte 81

4. Kapitel: Wenn ich jemandem etwas Gutes tun will 117
Verstehen aus der Sicht der Embodied Communication 118
Das AAO-Geschenk 121
Fallbeispiele 131
Wann ist das AAO-Geschenk sinnvoll, wann nicht? 147

5. Kapitel: Workshop 153
Ideenkorb 153
Affektbilanz 158
Pizza-Analyse 162

6. Kapitel: Fragen und Antworten 167

7. Kapitel: Nachwort und Manifest 179
Manifest der Embodied Communication 180

Literatur 185

Über die Autoren 189

Vorwort zur 2. Auflage

Unser Buch hat solche Resonanz hervorgerufen, dass wir schon vor der zweiten Auflage sitzen. Natürlich hatten wir insgeheim auf ein Echo gehofft, aber wenn aus der Hoffnung dann Wirklichkeit wird, ist das ein sehr angenehmes Gefühl. Wir möchten allen Lesenden dafür danken, dass sie unsere Vorschläge zur EC-Theorie so engagiert aufnehmen, diskutieren (auch kontrovers) und in Austausch mit uns treten.

Was möchten wir in einem Vorwort zur zweiten Auflage mitteilen? Unser Anliegen hat natürlich mit den Reaktionen der Lesenden auf die erste Auflage zu tun. Die erste Auflage ist der Hut, den man in den Ring wirft. Weil wir uns aber bemüht haben, besonnen und sachlich zu argumentieren und unsere Gedanken solide theoretisch zu unterfüttern, war das Wagnis letztendlich nicht allzu groß. Dann heißt es für die Autoren, erst einmal abzuwarten und zu beobachten. Zwei Typen von Kommentaren der Lesenden tauchten auf:

«Die Zeit war einfach reif für so ein Buch!», diesen Satz, wörtlich oder sinngemäß, haben wir seit Erscheinen der ersten Auflage immer wieder gehört. Ohne die Verdienste der seit Jahren verwendeten Kanaltheorien in Abrede stellen zu wollen, geht es offenbar vielen Menschen «da draußen» so wie uns: Man hat einfach bemerkt, dass irgendwie noch eine Lücke besteht, besonders wenn man in der Praxis mit dem Thema befriedigende Kommunikation unterwegs ist; dass die Methoden, die man den Menschen – Klienten, Kollegen, Patienten – anbieten kann, in manchen (sich spontan, schnell und dynamisch entwickelnden) Situationen nicht richtig weiterführen.

«Alter Wein in neuen Schläuchen!» ist ein anderer Satz, der uns auch zu Ohren kam. «Das AAO-Geschenk und die Pizza-Analyse sind nichts weiter als Ich-Botschaften; wo ist das Neue daran?» Diese Frage ist interessant und gibt uns Gelegenheit, einen wesentlichen Punkt unseres Ansatzes noch einmal klärend herauszuarbeiten. Wir können absolut nachvollziehen, dass man unter Umständen in den *Worten*, die jemand wählt, um ein AAO-Geschenk zu bescheren, viele Ich-Botschaften entdecken kann. Der Unterschied zwischen einer Person, die mit EC kommuniziert, und einer Person, die mit einer Kanaltheorie kommuniziert, liegt woanders: Er liegt in der Haltung, die eingenommen wird. Haltung kann man hier ruhig doppeldeutig verstehen. Innerlich hat eine Person bei EC eine andere Haltung im Sinne von Einstellung. Dies schlägt sich dann mit großer Wahrscheinlichkeit zusätzlich auch in einer anderen Körper-Haltung nieder.

Folgendes Gedankenexperiment soll diese Idee verdeutlichen:

- Stellen Sie sich einen Dialog vor zur Frage: «Wie viele Flüchtlinge und Migranten verträgt Europa?»
- Legen Sie für sich eine Position fest, die Sie im Dialog vertreten wollen.
- Setzen Sie sich mental an einen Tisch mit einem imaginären Gegenüber. Ihr Gegenüber vertritt die gegenteilige Position, ist also gewissermaßen Ihr Antipode.
- Ihre Aufgabe ist es, mit dem Antipoden in einen konstruktiven Dialog einzutreten und sich im Idealfall auf eine Position zu einigen (vor dieser Aufgabe stehen Politikerinnen und Politiker momentan pausenlos).

Das Experiment besteht aus zwei Runden.

Runde 1: Nehmen Sie als innere Haltung, um die Kommunikation optimal zu gestalten, eine Kanaltheorie als Grundlage. Sie versuchen, zu verstehen, was Ihr Gegenüber meint. Sie versuchen, die Botschaft und die dahinterliegenden Bedürfnisse des Gegenübers zu dechiffrieren. Beobachten Sie bei sich selbst: Welche körperlichen Begleiterscheinungen ruft diese Haltung hervor? Wie fühlen Sie sich? Welche Körperhaltung nehmen Sie ein?

Runde 2: Nehmen Sie als Ausgangspunkt für Ihre innere Haltung die Embodied Communication. Sie möchten Synchronie ermöglichen. Sie wissen, dass Synchronie und Musterentstehung durch eine ergebnisoffene Haltung erzeugt werden. Sie machen das AAO-Geschenk. Beobachten Sie: Welche körperlichen Begleiterscheinungen ruft diese Haltung hervor? Wie fühlen Sie sich? Welche Körperhaltung nehmen Sie ein?

Unsere Erfahrung mit dieser Übung ist, dass die Kanaltheorie in eine innere und körperliche Haltung mündet, die man insgesamt als «angestrengt» bezeichnen kann. Mit EC ist der ganze Vorgang wesentlich entspannter. Und von der PSI-Theorie von Julius Kuhl wissen wir, dass der Zugang zum parallel arbeitenden Teil des psychischen Systems, den er das «Selbst» nennt, in einer gelassenen Affektlage ermöglicht wird. Dann entsteht Kreativität, und die Wahrscheinlichkeit für gute Lösungen steigt.

Um die Idee des gegenseitig befruchtenden Austauschs im Buch manifest werden zu lassen, haben wir beschlossen, herausragende E-Mails, die uns Anlass zu ausführlichen Erklärungen gaben, jeweils in die neuen Auflagen mit hineinzunehmen. Man findet darum am Ende dieses Buches in Kapitel 6 eine entsprechende Ergänzung.

Wir hoffen nun weiterhin auf Ihr reges Interesse und darauf, dass die Haltung der Embodied Communication für Sie nützlich ist. Es wäre schön, wenn die Debatte um EC weiterhin intensiv und lebendig bleibt!

Wolfgang Tschacher
Maja Storch

Bern und Zürich, Januar 2016

Einleitung

Warum schreiben wir ein Buch zum Thema Kommunikation? Weil die Autoren der meisten vorliegenden Bücher über Kommunikation von einer Grundannahme ausgehen, die wir nicht mehr teilen. Sie sind Anhänger der sogenannten Kanaltheorie.

Was verstehen wir unter einer Kanaltheorie?

Die Kanaltheorie besagt, dass in der Kommunikation zwischen einem Sender und einem Empfänger eine fixe Botschaft hin und her geschickt wird – vergleichbar der Flaschenpost in einem Kanal. Verstehen hat nach dieser Theorie stattgefunden, wenn die Flasche vom Empfänger gefunden, entkorkt und der Inhalt der darin befindlichen Botschaft korrekt entziffert wurde.

Verstehen im Sinne der Flaschenpost findet zum Beispiel beim aktiven Zuhören statt. Dabei versucht der Empfänger, die Botschaft des Senders zu entschlüsseln. Dies erreicht er, indem er die Worte des Senders solange mit eigenen Worten neu formuliert, bis der Sender sagt: «Jetzt hast du mich verstanden.»

Der Sender ist in dieser Theorie eine Art schiffbrüchiger Robinson, der seine Botschaft auf die Reise schickt. Der Empfänger ist derjenige, der die Flaschenpost sucht. Wir sind überzeugt: Diese Ansicht ist falsch.

In diesem Buch begründen wir, weshalb wir diesen Ansatz für falsch halten und die Kanaltheorie für die Erklärung erfolgreicher Kommunikation aufgeben. Wir argumentieren stattdessen für die Theorie der sogenannten Embodied Communication, legen die wissenschaftlichen Belege für unseren Ansatz dar und ziehen daraus Folgerungen für die Kommunikationspraxis. Wir sind dafür, zur Erklärung und erfolgreichen Bewältigung von Kommunikation die Kanaltheorie fallen zu lassen und stattdessen die Theorie der Embodied Communication zu benutzen. Der lange und etwas sperrige Ausdruck «Theorie der Embodied Communication» wird zu «EC-Theorie» abgekürzt.

Kurz gesagt: Wir plädieren für den Abschied von der Vorstellung, dass es eine fixe Botschaft gibt, die zwischen Sender und Empfänger übermittelt und verstanden werden kann.

Vier Überlegungen haben uns zu diesem Plädoyer veranlasst:

Überlegung 1

Überlegung 1:
Einander verstehen bedeutet nach der Kanaltheorie, dass die richtige Bedeutung einer Botschaft irgendwo vorhanden ist und nur gefunden werden muss. Diese Ansicht ist falsch.
Die EC-Theorie postuliert: Es gibt keine fixe Bedeutung einer Botschaft, die verstanden werden kann. Es gibt lediglich das gemeinsam erzeugte Gefühl der Einigung auf eine Sprechweise, die aber aus der Interaktion spontan und neu entsteht und die nicht von Anfang an vorhanden ist.

Überlegung 2:
Das Menschenbild der Kanaltheorie geht von einem Sender aus, der präzise weiß, was er sendet und der auch präzise weiß, wann seine Botschaft beim Empfänger richtig angekommen ist und verstanden wurde. Dieses Menschenbild ist falsch.
Die EC-Theorie postuliert, dass im Allgemeinen ein großer Teil des psychischen Geschehens unbewusst verläuft, was insbesondere Bedürfnisse und Motive betrifft. Viele Menschen sind sich über ihre unbewussten Bedürfnisse und Motive nicht im Klaren und können darum im Speziellen auch nicht präzise wissen, was für eine Botschaft sie senden. Ebenso können sie darum auch nicht präzise einschätzen, wann ihre Botschaft vom Empfänger verstanden wurde.

Überlegung 3:
Die Ansicht, es gebe verstandesmäßiges Verstehen einer immateriellen Botschaft, die ohne Beteiligung des Körpers entziffert werden kann, ist falsch.
Die EC-Theorie besagt, dass Wörter, für sich allein genommen, sinnlose Silben sind. Die Bedeutung eines Wortes erzeugt der Körper, nicht der Verstand.

Überlegung 4:
Die Ansicht, zwei Menschen könnten sich über immaterielle Botschaften in einer Art luftleerem Raum austauschen, indem sie fixe Botschaften mittels Chiffrier- und Dechiffriermaschine hin- und herschieben, ist falsch.
Die EC-Theorie besagt, dass die Psyche eingebettet ist in Körper und Umwelt. Auf die kommunikative Interaktion zwischen zwei Menschen wirken zum einen körperliche sogenannte Synchronie-Prozesse ein, zum anderen der Aufforderungscharakter der Umwelt. Was das genau bedeutet, erklären wir in den folgenden Kapiteln.

Weshalb ist ein Buch wie das unsere heute nötig? Die Antwort hängt eng mit der Geschichte der Kommunikationstheorie zusammen, die – so unsere Überzeugung – einen Irrweg eingeschlagen hat. Um dies näher zu erklären, machen wir einen kurzen, aber informativen Abstecher in die Vergangenheit.

Warum die alte Kommunikationstheorie so technisch wirkt

In den meisten Texten zur Kommunikationstheorie tummeln sich seltsame Begriffe. Da ist die Rede von einem Sender, einem Empfänger, von Codes und von Dechiffrierung. Die Begrifflichkeit ist eine technische und erinnert uns eher an militärische Szenarien als an friedliche Gesprächssituationen.

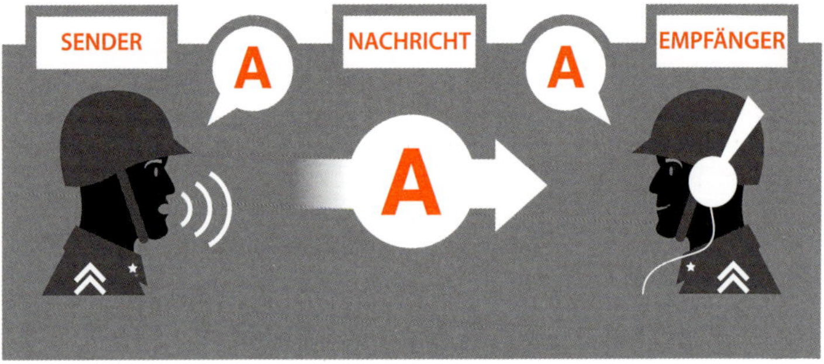

Was steckt dahinter? Schließlich ist der Mensch kein Transistorradio, und wenn wir kommunizieren, befinden wir uns nicht im Krieg miteinander. Das klassische Modell der Informationsverarbeitung von Shannon und Weaver (1949), auf dem die meisten auch der aktuellen Bücher zum Thema gründen, kommt nicht etwa aus der Psychologie. Tatsächlich hat die Kommunikationstheorie ihre Wurzeln in der Ingenieurwissenschaft und der militärischen Nachrichtentechnik – eine Tatsache, die den wenigsten bekannt sein dürfte. Das Modell wurde von zwei Mathematikern, Claude Shannon und Warren Weaver, entwickelt. Ihr Buch trägt den Titel: *The Mathematical Theory of Communication.*

Claude Shannon studierte Mathematik und Elektrotechnik und wurde 1941 von der Telefongesellschaft Bell als wissenschaftlicher

Claude Shannon

Warren Weaver

Mathematiker angestellt, wo er bis 1972 arbeitete. 1948 veröffentlichte er im Bell Systems Technical Journal den Artikel «A Mathematical Theory of Communication». Es ging hier um die Frage, wie man eine möglichst präzise Übermittlung von Nachrichten über elektronische Kanäle sicherstellen kann. Dieser Artikel wurde dann in Zusammenarbeit mit Warren Weaver 1949 zu dem oben erwähnten Buch erweitert, dem Klassiker der Kommunikationstheorie.

Warren Weaver war ebenfalls Mathematiker. Während des zweiten Weltkriegs hatte er eine leitende Funktion im US-amerikanischen Office of Scientific Research and Development. Hier beschäftigte er sich unter anderem mit der sogenannten Kryptografie, der Verschlüsselungstechnik. Er befasste sich mit den Fragen, wie eine Nachricht so verschlüsselt werden kann, dass sie für den Feind, der den Funkverkehr abhört, unverständlich bleibt. Und wie sie trotzdem zuverlässig wieder dechiffriert werden kann.

Shannon und Weaver selbst beabsichtigten nicht, ihre Theorie auf die Kommunikation zwischen Menschen anzuwenden. Dass dies dennoch geschah, ist ein schönes Beispiel dafür, wie in der Vergangenheit Vorstellungen aus dem Bereich Technik vorschnell auf den

Menschen übertragen wurden. Ähnliche Fehlübertragungen auf Vorgänge in lebenden Systemen finden sich in Konzepten der künstlichen Intelligenz, die sich der Computermetaphorik bedienen. Diese legt nahe, dass Menschen «Informationen verarbeiten» und «speichern» und dass sie – wie Computer – «programmiert» werden können. Mit der Übertragung von Überlegungen, die im Bereich der Technik ihre Gültigkeit haben, wird man dem lebenden Wesen Mensch jedoch nicht gerecht.

Ein Funker, der den Zeitpunkt eines geplanten Angriffs übermitteln will und nicht möchte, dass der Feind davon Kenntnis bekommt, muss dafür sorgen, dass seine Nachricht so chiffriert wird, dass der Empfänger sie korrekt dechiffrieren kann.

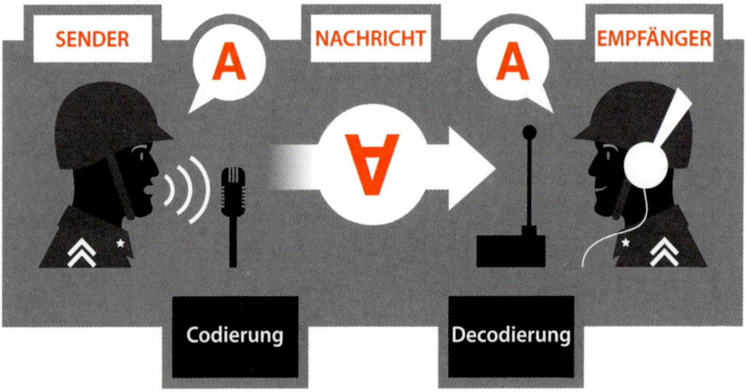

Diese Vorstellungen sind im technischen Bereich wahrscheinlich alle richtig und angemessen. Nicht angemessen jedoch ist es, sie auf zwischenmenschliche Situationen zu übertragen, in denen es um ganz andere Problemstellungen geht: wie die mit der Pflegekraft, die darin ausgebildet wird, einfühlsam mit krebskranken Patienten umzugehen; der Führungskraft, die lernen soll, wie man Mitarbeiter motiviert; der Lehrkraft, die mit Schülern und deren besorgten Eltern professionell kommunizieren möchte, und nicht zuletzt auf Situationen wie sie die Liebespaare dieser Welt erleben, die sich in ihrer Beziehung ein Miteinander wünschen, das ihnen und ihren Familien ein gedeihliches Zusammenleben ermöglicht.

Alle sie werden bisher auf der Basis einer Kommunikationstheorie ausgebildet, die ihren Ursprung im Zweiten Weltkrieg bei einer Telefongesellschaft und in einem Büro für Kryptografie hat. In unseren Augen ist diese Theorie für das Phänomen menschlicher Kommunikation nicht adäquat. Punktum. Der Mensch ist kein Telefon, und eine menschliche Beziehung ist kein Kriegsschauplatz.

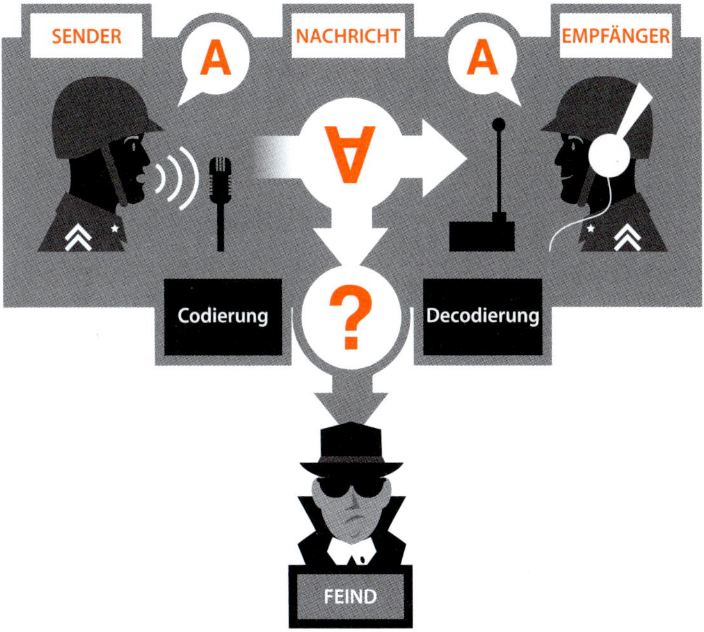

Ein Kommunikationsproblem in einer ganz normalen Beziehung

Am Beispiel eines ganz normalen Kommunikationsproblems in einer ganz normalen Beziehung wollen wir die Grenzen der Kanaltheorie aufzeigen. Wir beobachten dazu ein Paar, das sich seit sechs Monaten kennt, die Beziehung ist also noch jung. Karina ist 42 Jahre alt, war zwölf Jahre verheiratet und ist seit zwei Jahren geschieden. Rudi ist 50 Jahre alt, war 15 Jahre verheiratet und steht gerade mitten in der Scheidung. Beide sind nicht für ein Singledasein geschaffen, und beide wünschen sich eine neue Beziehung. Sie haben sich über ein Online-Datingportal kennengelernt, es hat gleich gefunkt und sie verbringen viel Zeit zusammen.

Karina hat einen aufreibenden Rosenkrieg hinter sich, ist aber zum Glück seit einiger Zeit mit ihrem Ex-Mann auf einer freundschaftlichen Ebene angekommen, wo sie friedlich miteinander sprechen können und sich auch ab und zu an die guten Zeiten erinnern, die sie zusammen hatten. In letzter Zeit hat sie wieder vermehrt Kontakt zu ihrem Ex. Es sind noch einige Steuerthemen aus der Zeit gemeinsamer Veranlagung zu klären.

Das Kommunikationsproblem beginnt an einem Samstagnachmittag. Karina liegt bäuchlings auf dem Sofa und telefoniert mit ihrem Ex. Er hat wegen einer Steuerfrage angerufen, das Gespräch hat sich nun aber ausgeweitet auf Tratsch und Klatsch über gemeinsame Bekannte. Rudi, der das Wochenende bei Karina verbringt, wartet darauf, dass Karina das Telefonat beendet und ihre Aufmerksamkeit wieder ihm widmet. Nach einiger Zeit gibt er Karina Handzeichen, dass sie das Telefonat beenden soll. Karinas Antwort besteht darin, dass sie ihm den Rücken zuwendet und weiter telefoniert. Rudi gibt nicht auf und beginnt, Karinas Zehen zu küssen und sich Kuss für Kuss an ihren Beinen hochzuarbeiten. Karina macht eine abwehrende Bewegung und stößt Rudi weg. Rudi verlässt das Zimmer, Karina telefoniert zu Ende.

Im Anschluss an diese Szene, die wir bewusst sehr sachlich beschrieben haben, beginnt das Kommunikationsproblem von Karina und Rudi. Rudi wirft Karina vor, ihm keinen RESPEKT zu zeigen. Das Wort RESPEKT ist ihm sehr wichtig. Es sei respektlos ihm gegenüber, wenn sie in seiner Gegenwart stundenlang mit dem Ex telefoniere. RESPEKT sei in seinen Augen, wenn sie das Telefonat beendet hätte, nachdem er das Zimmer betreten hat.

Karina glaubt ihm nicht, dass es ihm um RESPEKT geht. Sie ist der festen Überzeugung, dass Rudi «in Wirklichkeit» EIFERSÜCHTIG ist. «Es passt dir einfach nicht, dass ich mit meinem Ex wieder gut auskomme, du bist eifersüchtig, weiter nichts.» Rudi beharrt darauf, dass er nicht eifersüchtig sei, sondern dass es ihm darum gehe, von Karina respektiert zu werden. Karina und Rudi streiten sich erbittert bis in die Abendstunden hinein über die beiden Begriffe RESPEKT und EIFERSUCHT. Wer hat Recht? Sie kommen zu keinem Ergebnis. Irgendwann hören sie auf zu streiten, jedoch nur aus Erschöpfung. Eine Lösung hat sich nicht gefunden. Das Thema wird fallengelassen, lediglich deshalb, weil beide mit ihren Kräften am Ende sind. Wie sich die Interaktion gestalten wird, wenn sich eine ähnliche Situation wieder ergibt, vermag keiner zu sagen. Große Hoffnung, dass es bei einem zweiten Mal besser verläuft, hat keiner von beiden.

Karina und Rudi, so ist unsere Überzeugung, sind beide Opfer der Kanaltheorie geworden. Karina betrachtet das Wort RESPEKT als einen Code für eine «wirklichere» Nachricht, nämlich die Nachricht EIFERSUCHT: EIFERSUCHT ist nach ihrer Meinung die eigentliche Nachricht, die Rudi senden will. Er hat sie dem entsprechend jedoch chiffriert und nennt sie RESPEKT. Gestritten wird jetzt darüber, ob die Nachricht chiffriert oder nicht chiffriert gesendet wurde. Diese Debatte führt direkt ins Nirgendwo.

Die Idee, dass hinter einer Nachricht irgendetwas liegt, was es zu dechiffrieren gilt, hat sich inzwischen geradezu zu einer Volksseuche entwickelt. Vermutlich ist daran nicht nur die alte Kommunikationstheorie schuld, sondern auch eine populäre, aber falsche Vorstellung von Psychoanalyse und vom Unbewussten. Ursprünglich war diese Vorstellung bei Sigmund Freud und seiner Patientin Anna O. eingebettet in das professionelle Geschehen zwischen Arzt und Patientin. Und da gehört es auch hin. Wenn jedoch in einer Liebesbeziehung der eine Partner dem anderen vorwirft: «Du überträgst ja nur deine ungeklärte Vaterbeziehung auf mich», dann ist das nichts weiter als eine Unterstellung und eigentlich eine Unverschämtheit. Solche Zwangsinterpretationen tragen, so unsere Erfahrung, kein Quäntchen zu einer friedlichen und verständnisvollen Kommunikation bei. Wir plädieren darum für eine Rückkehr zur Einfachheit und schlagen vor, einfach davon auszugehen, dass das, was eine Person erzählt, genau das ist, was alle Beteiligten in diesem

Moment zur Verfügung haben, um miteinander umzugehen. Man sollte aufhören zu versuchen, irgendeine irgendwo dahinterliegende Botschaft dechiffrieren zu wollen, und man sollte nicht nach etwas suchen, das vermeintlich unbewusst «in Wirklichkeit» der Fall sei. Solche Geschäfte sind bei Fachleuten besser aufgehoben (die daran auch scheitern können – aber sie scheitern dann professioneller). In der Alltagskommunikation genügt es völlig, mit dem zu arbeiten, das man gerade zur Verfügung hat. Wenn Rudi sagt, er wünscht sich RESPEKT, dann ist das ein guter Ausgangspunkt, an einer Lösung für diesen Typ Beziehungssituation zu arbeiten.

Wie man mit diesem Buch arbeiten kann

Wir haben uns vorgenommen, ein Buch zu schreiben, das verstanden und das sofort im ganz normalen Alltag verwendet werden kann. Dies ist kein einfaches Unterfangen! Denn um die EC-Theorie zu erklären, ist ein theoretischer Rucksack nötig, der Theorien enthält, die zugegebenermaßen nicht immer einfach zu verstehen sind. Wir haben uns große Mühe gegeben, den Theorieteil dieses Buches (Kapitel 1 und 2) so anschaulich und leicht verständlich wie möglich zu schreiben, allerdings auch ohne zu starke Vereinfachung. Trotzdem wird es für die Lesenden vermutlich nicht bei einem einmaligen Durchgang bleiben können. Die EC-Theorie verlangt Aufmerksamkeit und erfordert, konsequent durchgearbeitet zu werden.

Wer unser Buch zum ersten Mal in die Hand nimmt und in erster Linie an der Praxis interessiert ist, die sich aus der EC-Theorie ergibt, kann darum auch gleich mit den Praxiskapiteln 3 und 4 einsteigen. Hat man dort anhand zahlreicher Fallbeispiele ein praktisches Grundverständnis entwickelt, fällt das Verstehen der Theoriekapitel unter Umständen leichter.

Wir haben uns für den Praxisteil ausschließlich Methoden überlegt, die in der *spontanen Live-Interaktion* anwendbar sind. Um diese Methoden plastisch zu machen, benutzen wir Metaphern, die eingängig sind und in ihrer Eindrücklichkeit sofort im Gedächtnis haften bleiben – wie uns unsere Probeleserinnen und Probeleser versichert haben. Wir stellen uns vor, dass unsere Leserinnen und Leser aufgrund unserer Metaphern und Methoden Lust bekommen, nach den Prinzipien der EC-Theorie zu kommunizieren und entsprechende Erfahrungen zu sammeln.

Im Praxisteil wird unsere Leserschaft ein möglicherweise ungewohntes Ordnungsprinzip vorfinden. Wir haben dort nämlich unsere Kapitel nach *Situationen und Handlungen* sortiert und nicht nach intellektuellen Kategorien des Kommunikationsvorgangs. Weil in unserer Kommunikationstheorie der Embodiment-Aspekt im Vordergrund steht, ergibt sich als logische Folge, dass auch bei den Anwendungsfragen der Fokus auf der Handlung liegt. Lesende finden also im Praxisteil eine Auswahl an Alltagssituationen, in denen kommunikative Fertigkeiten wünschenswert, ja sogar gefordert sind. Die Methoden, die wir vorschlagen, sind allesamt so angelegt, dass sie sich dafür eignen, in konkretes Handeln umgesetzt zu werden. Damit wollen wir nicht sagen, dass es sinnlos wäre, sich vor oder nach einer Interaktion intellektuell mit dem Geschehen zu befassen – keineswegs! Reflexion und Verstandesanalyse sind hilfreiche Werkzeuge, zu deren Gebrauch wir gern ermuntern möchten. Wir verstehen die EC-Theorie als Ergänzung zu den vorhandenen Theorien um den Aspekt einer aktuell stattfindenden, körperlich vollzogenen Kommunikation.

Ans Ende unseres Buches haben wir einen Workshop platziert, der sich an Personen richtet, die selbst Kommunikationskurse geben und zu einzelnen Methoden vertiefende Information wünschen. Die technischen Hinweise würden den Lesefluss der Praxiskapitel nur stören. Ebenfalls vor allem für diesen Personenkreis stellen wir sämtliche Grafiken, die in diesem Buch zu finden sind, als Open Source auf der Seite www.ismz.ch im Download-Bereich kostenlos zur Verfügung. Die EC-Theorie ist eine neue Sicht auf das Thema Kommunikation, und wir wissen, welche Mühe es macht, sich selbst die Lehrmittel für die Vermittlung einer neuen Theorie zusammenzustellen. Darum die Aufforderung: Bedienen Sie sich nach Herzenslust, wenn Ihnen die EC-Theorie plausibel erscheint.

Und nun wünschen wir viel Spaß beim Lesen und viele neue Erkenntnisse beim Kennenlernen von Theorie und Praxis der Embodied Communication!

Maja Storch und Wolfgang Tschacher
Oktober 2014

1. Kapitel: Der theoretische Rucksack

Wieso denn Rucksack? Wollen wir damit etwa sagen, dass alle Theorie mühselig und beladen macht? Nein. Der Gehalt dieser Metapher ist umfassender zu verstehen. Wir meinen einen leichten theoretischen Rucksack, der den Leser und die Leserin nicht belasten soll, sondern den Weg durch das Gelände der Kommunikation erleichtern wird. Die im Rucksack verstaute Theorie soll unsere Reichweite während der Wanderung sogar erweitern. Wir wollen nämlich einige Trampelpfade vermeiden, die in der Kommunikationspraxis in die Irre führen, wie wir in der Einleitung des Buchs schon angedeutet haben. Für einen solchen Irrweg halten wir beispielsweise die Überzeugung, dass in der Kommunikation ein Sender eine Botschaft an einen Empfänger schickt. Es ist wesentlich ertragreicher, davon auszugehen, dass miteinander kommunizierende Personen gemeinsam eine Kommunikation erzeugen. Wir beschreiben das so: Die beteiligten Personen «bilden ein neues System». Ein weiterer fehlleitender Trampelpfad, den wir meiden werden, besteht in der Auffassung, dass Kommunikation lediglich die Übermittlung von Information sei. Wir vertreten die Auffassung, dass Kommunikation «verkörpert» ist, und nennen diesen Vorgang deswegen auch «Embodied Communication», kurz EC. Kommunikation bezieht den ganzen Körper ein und ist ein umfassender Prozess, der sich verbal-sprachlich wie auch nonverbal vollzieht und der bewusste und unbewusste Ebenen anspricht. Die auf allen Kommunikationsebenen beobachtbare Synchronisation unter kommunizierenden Menschen ist charakteristisch für Kommunikation, die Übertragung von Informationsbits und -bytes ist es hingegen nicht.

Das Denken ist embodied

Das «Projekt Embodiment» und sein wissenschaftliches Umfeld

Der Gedanke, dass sogar die Welt des Geistes eine körperliche Basis hat, ist seit einiger Zeit in aller Munde. Wie kann aber der Geist eine körperliche Basis haben, und wie kann gar ein Gedanke «im Munde sein»? Das Projekt vom Geist-im-Körper ist auch ein Projekt vom Körper-im-Geist, denn der Körper beeinflusst den Geist und umgekehrt auch der Geist den Körper. International wird heute der Begriff «Embodiment» verwendet, wenn diese beiden Aspekte der Verkörperung des Geistes herausgestellt werden sollen.

Ein naheliegender Aspekt von Embodiment ist, dass der Geist und damit alle unsere Gedanken nicht ohne das Gehirn auskommen. Das ist in der Tat ebenso richtig wie banal. Dass der Geist immer zusammen mit einem einigermaßen funktionierenden Gehirn auftritt, wird gegenwärtig ohnehin nur von wenigen, esoterisch oder religiös fühlenden Menschen bezweifelt. In ihrer Extremform wurde diese banale Einsicht in die Körperlichkeit des Geistes jedoch zu einem neuen Credo: Alle geistigen und psychischen Vorgänge seien demnach nichts weiter als und *nichts anderes als neuronale Prozesse*, also Prozesse, die im Gehirn und den anderen Nerven ablaufen (siehe auch die exemplarische Hirnforscherin weiter unten). Die Neuro-Extremisten sagen: Psychologie wird eines Tages vollständig durch Neurowissenschaft ersetzt werden. Auch unsere alltagspsychologische Sprache, mit der wir unser Handeln begleiten, würde dann langsam verschwinden. Unserer Meinung nach ist das auf banale Weise falsch. Es missachtet das Bewusstsein, das jeder Mensch von seiner geistigen inneren und materiellen äußeren Welt hat. Mit dem Wort «Embodiment» wollen wir daher keineswegs den Geist auf das Gehirn reduzieren. Wir befürworten keinerlei Form des «Reduktionismus»:

Reduktionismus bezeichnet eine Lehrmeinung, die die Vielfalt der Dinge auf wenige grundlegende Dinge zurückführen möchte. Damit soll die Welt verständlicher werden. Reduktionisten gibt es auf allen Gebieten, man erkennt sie daran, dass sie häufig sagen, irgendetwas sei NICHTS ALS irgendwas anderes. Einsteins berühmte Formel $E=mc^2$ besagt beispielsweise, Energie ist nichts anderes als verdichtete Materie (Einstein sagte aber auch: «Mache die Dinge so einfach wie möglich – aber nicht einfacher.»). Auf Reduktionisten trifft man häufig im Dunstkreis der Psychologie: Für wirklich radikale Hirnforscher ist die Welt, das Ich und unser Bewusstsein nichts weiter als eine Vorspiegelung des Gehirns. Eine andere Richtung des Reduktionismus geht ironischerweise davon aus, dass die Welt und das Gehirn nichts anders sind als eine Vorspiegelung des Bewusstseins.

Der wichtigste Aspekt von Embodiment erkennt neben der Bedeutung einer neuronalen Grundlegung des Geistes insbesondere Folgendes an: Geist ist viel mehr als das, was das Gehirn tut. Der Geist – und damit meinen wir das bewusste Denken und Planen, aber auch die oft unbewussten Vorgänge vor Entscheidungen – ist immer in einen Körper eingebettet. Der Körper ist jedoch nicht nur durch neuronale Prozesse beteiligt, sondern zusätzlich auch durch Muskelspannungen, Körperhaltungen, Herzklopfen, Bauchgefühle und hunderte andere körperliche Abläufe und Zustände. Es besteht also eine große Vielfalt körperlicher Tatsachen, in die der Geist eingebettet ist.

Immer noch banal, finden Sie? Für lebendige Menschen vielleicht schon, nicht aber für die Wissenschaften, die sich mit dem Geist befassen. Dort nämlich herrscht nach wie vor das Schubladendenken des 20. Jahrhunderts, das sich ein echtes Leben außerhalb der jeweils eigenen Schublade nicht recht vorstellen kann. Ein wissenschaftliches und auf Kommunikation angewandtes Projekt Embodiment begibt sich nicht nur in die klippenbewehrten Gewässer der Interdisziplinarität, sondern auch in das philosophische Meer der Leib-Seele-Problematik. Diese wird seit Anbeginn der Philosophie diskutiert. Die Diskussion erstreckt sich mit ungeminderter (eher noch vergrößerter) Intensität bis in die Gegenwart hinein. Wir merken an dieser Stelle lediglich an, dass das Embodiment-Konzept in der Leib-Seele-Diskussion seinen Ort hat, und stellen die Schubladen-Debatte hier nur holzschnittartig dar. Wir beginnen mit einer zugegebenermaßen etwas überzeichneten «Hirnforscherin»:

Die **Hirnforscherin**, im weißen Kittel, spricht aus Schublade A, direkt neben dem Magnetresonanztomografie (MRT)-Scanner:

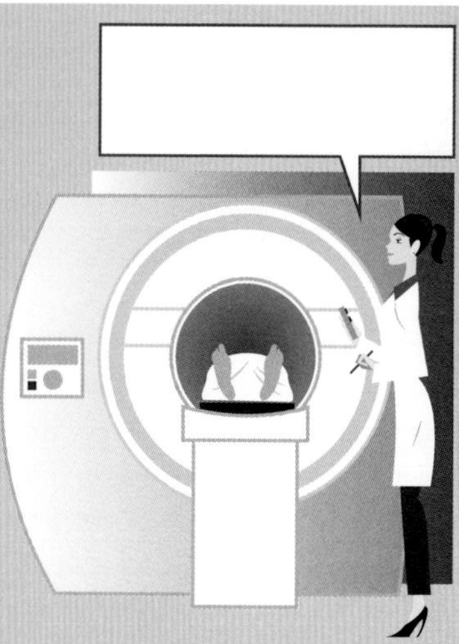

«Der sogenannte Geist besteht aus nichts anderem als aus Gehirnprozessen, die man chemisch oder elektrisch, also physikalisch, beschreiben kann. Gehirnprozesse können deshalb auch nur durch andere physikalische Einflüsse verändert werden. Da das alles physikalisch und materiell vonstatten geht, sollte man auf die nicht-physikalischen Begriffe (zum Beispiel denken, entscheiden, Wunsch, Intention) aus wissenschaftlichen Sparsamkeitsgründen eigentlich verzichten. Irgendwann wird die psychologische Alltagssprache durch eine wahrhaft wissenschaftliche Sprache auf Grundlage des Gehirns ersetzt sein. Endlich! Wir werden dann auch im Alltag nicht mehr ***denken***, dass wir etwas ***wollen*** oder ***fürchten***, sondern wir werden dann beispielsweise feststellen, dass unser limbisches System gerade links-hinten aktiviert wurde, aber der Frontalkortex noch hemmend einwirkt.»

Wir sagen: «Die Neuro-Reduktionisten argumentieren gern mit der kausalen Abgeschlossenheit der Physik: Alle physikalischen Vorgänge sind danach allein durch physikalische Ursachen bestimmt und ‹determiniert›. Also bleibt in der realen Welt kein Platz für andere, nicht-physikalische Ursachen – diese müssten geradezu Zauberei und Telepathie entspringen. Aber: Die moderne Physik selbst denkt keineswegs so! Durch die Quantenphysik ist die klassische Vorstellung von Kausalität zugunsten des Zufalls erweitert worden. Außerdem sagen uns die Erforscher des Weltraums, dass der überwiegende Teil des Kosmos nicht aus Materie besteht, sondern aus ‹dunkler Materie› und ‹dunkler Energie›, über die wir nicht viel mehr wissen, als dass sie existieren und wirken. Von Abgeschlossenheit kann keine Rede sein.»

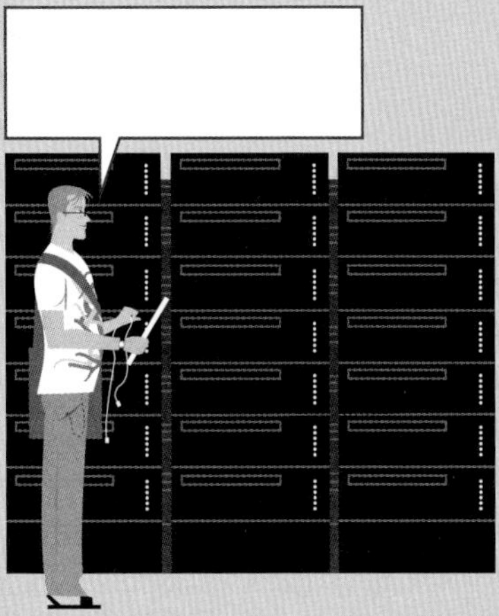

Der **Informatiker** trägt Trekkingkleidung, Birkenstocksandalen und Wollstrümpfe und sitzt in seiner Schublade B im Serverpark des Rechenzentrums: «Der Geist ist nichts anderes als eine Art logische Struktur, eine Abfolge von Programmschritten in einer komplizierten Softwarearchitektur. Die Hardware dieses Logikapparats ist wohl das Gehirn, aber der Geist könnte auch auf einer anderen Hardware laufen. Unsere Ingenieure kriegen das schon noch hin, vielleicht entwickeln wir dafür einen Quantencomputer. Des Geistes Kern sind also abstrakte Prozesse von Informationsverarbeitung, wobei an sich bedeutungslose Zeichen miteinander verrechnet werden. Solche Informationsverarbeitung ist das, was das Funktionieren des Geistes ausmacht. Das ist mehr als bloß eine Computer-Metapher. Wäre mal interessant, meinen eigenen Geist in einen richtig schicken Super-Computer zu verpflanzen.»

Wir sagen: «Die Informatiker erfreuen sich verständlicherweise großen Interesses und bester Berufschancen, da die modernen Gesellschaften immer mehr im Zeichen des Internets und der Computer stehen. Die Informatik als Fach hat jedoch im vergangenen Jahrhundert ihr einschneidendes Waterloo erlebt, als sie den Geist mit Hilfe von auf Computern implementierten Programmen simulieren wollte. Gemeint ist das Projekt der «Künstlichen Intelligenz» (KI). Nichts hat wie erwartet funktioniert, das Projekt wurde – im sogenannten KI-Winter – größtenteils aufgegeben. Andererseits führte es immerhin zu einer Reihe von teils sehr und teils kaum nützlichen technischen Entwicklungen wie beispielsweise zunehmend besseren Robotern, Computerspielen, Internetsabotage-Viren und interaktiven Programmen. Intelligent im menschlichen Sinne sind diese jedoch alle nicht. Die Computer-Metapher des Geistes hat die Praxisprobe nicht bestanden. Ich frage Siri, die Spracherkennungs-Software auf meinem Handy: «Was ist Künstliche Intelligenz?» Siri: «Okay, sieh mal, was ich gefunden habe.» (Siri gibt sofort passende Internetseiten an, zuerst Wikipedia.) Ich frage weiter: «Siri, was meinst du selbst dazu?» Siri: «Nett, dass du fragst, Wolfgang,

aber eigentlich ist es egal, was ich denke.» Ich lasse nicht locker: «Bist du intelligent?» Siri: «Wir sprechen über dich, nicht mich.» Der **Geisteswissenschaftler**, im schwarzen Anzug, an dem hinten noch Kreidespuren von der letzten Vorlesung haften, spricht aus seinem «Séparée» in der Bibliothek: «Das einzige, was an der Welt sicher ist, ist Folgendes: dass ich (als Subjekt) über sie (als Objekt) nachdenke. Also mache ich mir über die Welt und über mein Nachdenken über die Welt eine Vorstellung, wobei mir klar ist, dass ich auch genau über dieses Nachdenken in mehreren Schleifen immer wieder weiter nachdenken kann. Alle geistigen Prozesse sind so: Sie werden von einem Subjekt über etwas anderes gebildet. Das unterscheidet geistige Prozesse grundlegend von Vorgängen, wie sie die Physik beschreiben würde. Wenn ich ehrlich bin, ist es nur diese geistige Innenwelt, derer ich mir sicher sein kann. Die physikalische Außenwelt könnte in der bewährten Subjekt-Objekt-Weise ja auch nur von mir erdacht, konstruiert und erfunden sein. Alles ist nichts anderes als Geist!»

Wir sagen: «Der Tschachersche Skotomtest lässt uns auch an dieser reduktionistischen Position, der Position des «radikalen Kon-

struktivismus» zweifeln. Wenn Tschacher zum Beispiel Migräne hat (was gottseidank sehr selten ist), treten neben dem Kopfschmerz als typische Symptome die sogenannten Skotome auf, flackernde Lichtflecken im Gesichtsfeld. Seine Beobachtung ist: Skotome verhalten sich anders als die «reale» optische Außenwelt, zum Beispiel als eine Wohnzimmerlampe: Wenn man von der Seite mit dem Finger leicht auf den Augapfel drückt, scheint sich die Wohnzimmerlampe und die gesamte wahrgenommene Welt zu verschieben und zu bewegen – das kann jeder jederzeit nachprüfen. Ein Skotom jedoch reagiert überhaupt nicht so (behauptet Tschacher). Damit ist es möglich, mit einfachsten Mitteln eine Unterscheidung zwischen innen- und außenerzeugten Wahrnehmungserscheinungen durchzuführen: ein starkes Argument gegen den radikalen Konstruktivismus, denn wenn es ein einziges Beispiel gegen die «Nichts-als»-Behauptung gibt, ist sie ja widerlegt. Es gibt also einen Unterschied zwischen innen und außen!
Etwas schwieriger ist die Unterscheidung bei anderen scheinbaren Wahrnehmungen, beispielsweise bei Tinnitus (Ohrenrauschen) und Halluzination (Stimmenhören). Aber auch bei solchen Erscheinungen können Sie immer noch andere Personen fragen, ob sie dieselben Wahrnehmungen haben. Damit können Sie im Prinzip immer feststellen, wie es um die Objektivität Ihrer Wahrnehmung bestellt ist.»

Konstruktivismus (von lat. «zusammensetzen») bezeichnet eine Lehrmeinung in der Philosophie, wonach unsere Erkenntnis der Welt (der Realität) immer auch von uns selbst erzeugt wird und nicht nur von den objektiven Dingen der Welt. Genauso wie bei konstruktivistischen Künstlern und konstruktivistischen Kindern gilt als Devise: «Lieber selber bauen, als die Realität nur nachzuahmen.» Im Extrem (dem «radikalen Konstruktivismus») gilt die Position, dass jedes Erkennen der Außenwelt vollständig durch die Struktur des Erkennenden bestimmt wird, dass also kein Unterschied zwischen Wahrnehmung und Illusion, zwischen äußeren Reizen und inneren Reizen besteht. Diese Spielart des Reduktionismus hält die Welt vollständig für eine Kreation dessen, der wahrnimmt.

Lithografie (1923) von El Lissitzky, einem konstruktivistischen Künstler; Quelle: Wikimedia Commons license

Die Vertreter der Embodiment-Theorie dagegen plädieren klar für eine schubladenübergreifende Geistes-Wissenschaft. Sie befinden sich damit in guter Gesellschaft, denn zunehmend übersteigen Forschende, die den Geist, die Psyche, verstehen wollen, die Ränder der Schubladen, die besonders die Welt der Universitäten noch weithin beherrschen und aufteilen. So treffen wir heute schon auf interessante Mischwesen unter diesen Forschern, etwa auf Neurophilosophen, Robotikwissenschaftler und soziale Gehirnforscher, also auf zunehmende Interdisziplinarität in diesem Feld (vgl. Tschacher & Bergomi, 2011). Das ist auch gut so, denn Embodiment ist notwendigerweise interdisziplinär: Der Geist (zuständig: Philosophie und Psychologie) ist in den Körper (zuständig: Biologie) eingebettet und tritt in Beziehung und Kommunikation (zuständig: Sozialwissenschaft) zu einem anderen Geist. Wenn diese Ausgangslage kein disziplinenübergreifendes Projekt erzwingt, welche dann?

Die oft und nun auch von uns beschworene Interdisziplinarität hat einen leicht ramponierten Ruf. Es soll nämlich vorgekommen sein, dass manche Wissenschaftler Begriffe nur deshalb von anderen Disziplinen ausgeborgt haben, um sich damit zu schmücken. Besonders gefährdet für Raubkopien dieser Art sind solche Disziplinen, die zu einer bestimmten Zeit gerade fürchterlich «angesagt» sind. Die Kunstgeschichte Anfangs des 20. Jahrhunderts hat die gegenstandsfreie Malerei mit Albert Einsteins Relativitätstheorie begründet, manche Psychotherapieforscher wollten ein Jahrhundert später in den Gehirnen ihrer Patienten die Mandelkerne leuchten gesehen haben. Beliebige und opportunistische Interdisziplinarität nach dem Jäger-Sammler-Prinzip ist also nicht gemeint, wenn von Embodiment die Rede ist. Was wir vorantreiben wollen ist ein ehrgeiziges interdisziplinäres Projekt, das genau nachfragt: *In welcher Weise* kann der Geist im Körper eingebettet sein? Sowie darauf aufbauend: *In welcher Weise* kann Embodiment die soziale Kopplung zwischen Individuen klären helfen?

Wissenschaftliche Belege für Embodiment

Embodiment ist ein Anglizismus, für den es leider bislang keinen geeigneten deutschen Fachbegriff gibt. Die Übersetzungen «Inkarnation» (siehe auch «Reinkarnation») und «Verkörperung» haben schillernde Bedeutungen in religiösen Begrifflichkeiten, wo es um Dinge wie Fleischwerdung des Göttlichen oder der Seele geht. Das macht «Inkarnation» für unsere Anliegen ungeeignet. «Körperlichkeit» ist dagegen wieder ein zu unspezifischer Begriff, wir sind ja keine Sportwissenschaftler. Also wollen wir es in diesem Buch genauso halten wie in unserem früheren Buch (Storch, Cantieni, Hüther und Tschacher, 2010) und das Wort «Embodiment» dauerhaft aus der englischen Sprache ausleihen. Den in der Kognitionswissenschaft inzwischen gut eingeführten Begriff *embodied cognition* übersetzen wir mit «verkörperte Kognition»: Er weist darauf hin, dass es nicht sinnvoll ist, Geistesprozesse (also «kognitive» Prozesse) abstrakt und ohne körperlichen Bezug zu betrachten. Wir wollen mit diesen Begriffen ausdrücken, dass die Psyche immer in einem Körper eingebettet ist.

Die psychologische Forschung ebenso wie die Alltagspsychologie beschäftigt sich traditionell mit der Frage, wie psychische Faktoren zu (körperlichem) Handeln führen oder wie sie solcherart Verhalten beeinflussen können. Ein wenig spiegelt sich hierin die Vorstellung des großen Philosophen Descartes aus dem 17. Jahrhundert wider, der den Geist (bei Descartes: res cogitans = denkende Substanz, hier findet man den lateinischen Ursprung des heutigen «kognitiv» wieder) und den Körper (bei Descartes: res extensa = ausgedehnte Substanz) strikt voneinander trennte. Der Geist steuert nach cartesianischer, also auf Descartes zurückgehender Auffassung die Körpermaschine über Eingangspforten im Gehirn, insbesondere über die Zirbeldrüse. Diese Vorstellung stellt bis heute eine tief verwurzelte Grundannahme dar. Sie ist auch nicht einfach falsch. Ihr zufolge sorgen Geist und Wille über das Gehirn dafür, dass der Körper sich bewegt und handelt. Die körperliche Reaktion, der körperliche Gefühlsausdruck, das körperliche Verhalten sind damit Resultate psychischer Prozesse. Hier ist auch der Bereich der psychosomatischen Medizin und der Psychoimmunologie angesiedelt: Psychosomatisch im engeren Sinn sind solche körperlichen Erkrankungen, bei denen psychische Verursachung oder psychische Auslöser vermutet werden. Allerdings geht man heute von biopsychosozialen Modellen aus, die sich nicht auf einfache Ursache-Wirkungsketten festlegen.

René Descartes
(Gemälde von Frans Hals, 1648);
Quelle: Wikimedia Commons
license

Kann diese Abfolge von der Psyche zum Körper aber nicht auch umgekehrt vonstatten gehen? Tatsächlich gibt es Befunde in der psychologischen Forschung, die in diese gegencartesianische Richtung zeigen. Wenn beispielsweise aus irgendeinem Grund eine Körperhaltung, Mimik oder Gestik hergestellt wird, die normalerweise für einen psychischen Zustand steht, kann es passieren, dass sich der entsprechende psychische Zustand wie von selbst einstellt. Dies auch dann, wenn es «eigentlich» gar keinen psychischen Grund dafür gibt. Es gibt eine Reihe von Studien besonders in der Sozialpsychologie, in denen diese und ähnliche Prozesse demonstriert wurden (Niedenthal et al., 2005). Diese Studien belegen die Wirkung des Embodiment immer in derselben Weise: Es wird eine Körperhaltung oder Muskelanspannung erzeugt, die üblicherweise mit bestimmten Emotionen und Affekten gekoppelt ist. Im Experiment wird dieser Körperzustand unbemerkt oder unter einem Vorwand hervorgerufen – den Versuchspersonen ist die Fragestellung also verborgen. Dann wird untersucht, ob sich diejenigen psychischen oder emotionalen Veränderungen einstellen, die zum unbemerkt erzeugten Körperzustand passen. Ist es so, handelt es sich stets um unbewusste Prozesse zwischen Psyche und Körper.

Cacioppo und seine Mitarbeiter (Cacioppo, Priester & Berntson, 1993) haben «klassische» Embodiment-Experimente durchgeführt, bei denen die Armmuskeln unterschiedlich aktiviert werden (siehe die folgende Abbildung). Man kann grob zwischen der Beuge- und der Streckmuskulatur der Arme unterscheiden; die Beugemuskulatur ist mit Annäherung gekoppelt (man presst quasi einen Gegenstand oder eine Person an sich), die Streckmuskulatur mit Vermeidung (man stößt quasi einen Gegenstand oder eine Person von sich weg). Dieselbe Muskelaktivierung kann beispielsweise dadurch hervorgerufen werden, dass Versuchspersonen mit der Handfläche von oben auf eine Tischfläche pressen (Streckmuskeln aktiviert) oder von unterhalb der Tischplatte nach oben pressen (Beugemuskeln aktiviert). Beide Male soll dies im Rahmen einer neutralen Anweisung geschehen, die nichts vom Zusammenhang mit Annähern und Vermeiden verrät. In Experimenten fand man entsprechend heraus, dass unbekannte chinesische Schriftzeichen unter

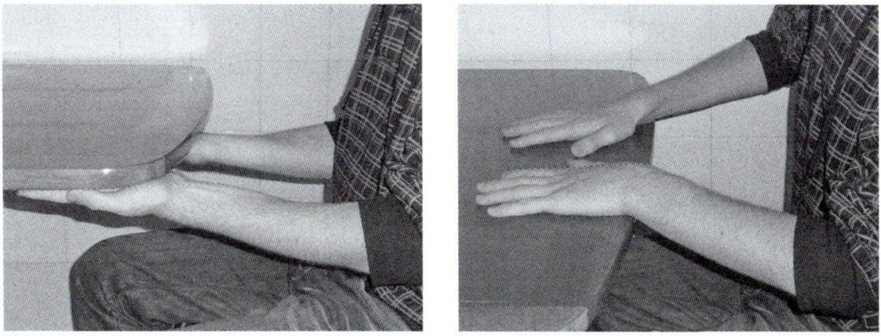

Aktivierung verschiedener Muskelgruppen des Arms. Links: Beugemuskeln aktiviert (Embodiment für Annäherung). Rechts: Streckmuskeln aktiviert (Embodiment für Vermeidung); Quelle: Privat

der Beugebedingung, also unter der körperlichen Annäherungsaktivierung, positiver eingeschätzt wurden als unter der Vermeidungsbedingung. Die beiden körperlichen Bedingungen wurden dabei den Versuchspersonen ohne Bezug auf irgendeine emotionale Bewertung neutral als «isometrische Übungen» verkauft. Neben der Beeinflussung affektiver Einstellungen ließen sich durch muskuläres Embodiment auch Verhaltensweisen unbemerkt manipulieren, etwa die Menge der Nahrungsaufnahme (Förster, 2003). Es würde uns wundern, wenn solche Ergebnisse nicht schon von findigen Verkaufsstrategen umgesetzt werden würden. Wenn Sie wollen, dass ein Kunde etwas nimmt und kauft, verwenden Sie am Verkaufsapparat besser Ziehschalter als Druckknöpfe!

Was lässt sich aus diesen Versuchen schließen? Es scheint nicht nur wahr zu sein, dass der Körper «Spiegel der Seele» ist, auch die umgekehrte Richtung muss beachtet werden: Der Geist ist auch Spiegel des Körpers. Auf der Verbindungslinie zwischen Körper und Seele herrscht Gegenverkehr, der aber aufgrund unseres cartesianischen Vorurteils oft übersehen wird.

Embodiment beschreibt eine Verbindung zwischen Körper und Geist, auf der Prozesse immer zweiseitig ablaufen. In der Verbindung zwischen Körper und Geist herrscht Gegenverkehr.

Psychische Vorgänge finden also stets in einer körperlichen Einbettung statt. Sie dürfen folglich nicht als reine Informationsverarbeitungsprozesse angesehen werden. Genau diese Informationsverarbeitung wurde aber oft als Grundlage in der Psychologie vorausgesetzt. Die Folgen einer das Embodiment berücksichtigenden Neuorientierung in der Psychologie sind in der Tat umfassend. Sie führen zu einem Verständnis von Kognition als verkörperter Kognition.

Auch der psychologische Begriff «Gedächtnis» mit seinen unterschiedlichen Arten von Gedächtnissystemen muss in der Folge unter Einbezug eines unbewussten Körpergedächtnisses überdacht werden. Unter Körpergedächtnis versteht man eine Form des Gedächtnisses, für die kein bewusstes, in Worte fassbares Wissen notwendig ist. Wenn Sie beispielsweise in Ihrem Leben einmal gelernt haben, ordentlich Ski zu fahren, stellen Sie zu Beginn des Winterurlaubs oben an der Piste stehend fest, dass Sie tatsächlich noch Skifahren können – der Körper kann es, die notwendige Bewegungskoordination stellt sich «von selbst» wieder ein. In manchen Bereichen, wie etwa der künstlichen Intelligenz und Informatik, werden solche Formen des im Körper abgelegten Wissens bereits berücksichtigt – so wurde verkörperte Kognition zu einem neuen Forschungsprogramm in der modernen Robotik. Dass sie auch für die Kommunikation sehr wichtig ist, liegt auf der Hand (mit der Handfläche nach oben natürlich). Dies werden wir im zweiten Teil des theoretischen Rucksacks (Kapitel 2) weiter ausführen.

Emotion und Affekt

Wenn wir von Emotion und Affekt sprechen, begeben wir uns auf ein weites Feld der wissenschaftlichen Diskussion. Hier ging es in der Vergangenheit sehr oft um die Art und Anzahl der Emotionen und Affekte, die das menschliche (und tierische) Handeln begleiten. Man hat sich mittlerweile weitgehend darauf geeinigt, sechs oder sieben grundlegende Emotionen zu unterscheiden: Freude (das Positive zuerst), Neugier, Angst, Wut, Traurigkeit, Ekel und

Scham. Dass anscheinend mehr negative als positive Grundemotionen beschrieben werden, wollen wir hier nicht kommentieren. Vielleicht sagt dies etwas über die Menschen aus, vielleicht aber auch nur über die Psychologen.

Natürlich gibt es noch wesentlich mehr unterschiedliche Emotionen als diese sieben – jede Sprache hat hunderte verschiedener Worte für weitere emotionale Zustände wie etwa Sehnsucht. Im Allgemeinen wird jedoch anerkannt, dass es sich dabei eher um Mischungen aus den genannten Grundemotionen handelt. Sehnsucht wäre entsprechend eine Mischung aus Traurigkeit, Freude, etwas Angst und einer Prise Neugier. Die jeweiligen Gefühlscocktails können individuell sein, und manche mögen auch kulturell geformt sein. Dafür spricht, dass es manche Begriffe für Emotionen gibt, die schwierig zu übersetzen sind. *Saudade* ist eine sehr portugiesische Sehnsucht, während *Weltschmerz* eine sehr deutsche Variante zielloser Sehnsucht zu sein scheint. Eine schweizerdeutsche Variante der Sehnsucht ist *Langi Zyt*, «eine lange Zeit haben», was durchaus nicht Langeweile bezeichnet. Ein weiteres Beispiel: *Gemütlichkeit* ist ein vorzugsweise deutsches gemischtes Gefühl aus Ruhe, Ordnung und Geborgenheit, für das anscheinend keine treffenden Entsprechungen in anderen Sprachen existieren.

Zum gesicherten Bestand der psychologischen Begrifflichkeit gehört auch, dass Emotionen immer durch drei Ebenen (eine «Trias») gekennzeichnet sind.

(1) Die erste Ebene ist der Ausdruck, also das emotionsspezifische beobachtbare Handeln: Bei Angst zieht man ein Gesicht und läuft weg, bei Sehnsucht blickt man melancholisch-versonnen auf den Horizont.

(2) Die zweite Ebene ist das subjektiv erlebte «Gefühl», also das, was man in emotionalen Zuständen empfindet und fühlt.

(3) Die dritte Komponente umfasst die körperlichen Zustände, die beispielsweise entstehen, wenn man von Adrenalin (Wut) oder Oxytozin (Liebe) geflutet wird. Zittern, erbleichen und erröten fallen unter diese körperlich-physiologische Kompo-

nente. Diese wird übrigens unwillkürlich auch kommuniziert, trägt somit zum Emotionsausdruck (1) bei und verstärkt diesen.

Man kann insgesamt unschwer erkennen, dass Emotionen viel mit Embodiment zu tun haben. Ohne Körper, das heißt ohne (1) Emotionsausdruck und (3) emotionale körperliche Erregung kann keine Emotion entstehen.

Eine weitere Unterscheidung, die auf alle emotionalen Prozesse zutrifft, geht auf die altehrwürdige Gefühlstheorie von Wilhelm Wundt (1863) zurück. Wundt gilt als der Begründer der Psychologie als Wissenschaft, die sich erst im ausgehenden 19. Jahrhundert als eigene Disziplin etablierte. Er unterschied drei Dimensionen, bestimmt durch die Pole Lust – Unlust, Erregung – Beruhigung und Spannung – Lösung, die es erlauben, die Emotionen nach ihrer Qualität (also Lust oder Unlust), ihrer Intensität (Erregung oder Beruhigung) und ihrer Kraft (Spannung oder Lösung) einzuschätzen. Was Psychologen an diesen und ähnlichen Dimensionen gefällt, ist ihre Einschätzbarkeit: Für jede Dimension lässt sich so das Ausmaß eines emotionalen Prozesses auf einer Skala – zum Beispiel zwischen 0 und 100 – markieren. Man kann daraus Fragebögen und Einschätz-Skalen basteln. Damit wäre jede Emotion einfach durch drei Zahlen charakterisiert. Möglicherweise finden das aber leider nur wissenschaftliche Psychologen großartig. Ein solcher würde angesichts dieser Zahlenspiele auf dem Wundtschen Dimensionen-Modell die Emotionswertung 100/100/0 erhalten. Der Rest der Welt läge wahrscheinlich eher bei 0/100/100.

In unserer therapeutischen und beraterischen Praxis sowie in diesem Buch setzen wir ein noch einfacheres Modell ein. Wir beschränken uns auf die Einschätzung der «Affekte», die von voll ausgeprägten Emotionen unterschieden werden. Ein Affekt ist definiert als ein unmittelbar nach einem Auslöser einsetzender Prozess, der auf nur zwei Dimensionen beschrieben werden kann: positiver Affekt und negativer Affekt. Beide Affektarten kann man nach ihrer Intensität einstufen, also beispielsweise wieder auf einer

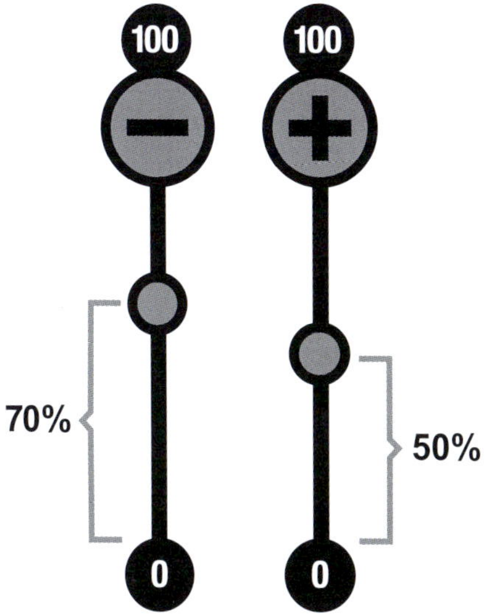

Beispiel einer Affektbilanz

Skala von 0 bis 100. Dies lässt sich visualisieren in einer sogenannten Affektbilanz (Storch & Krause, 2014).

Das Beispiel gibt wieder, dass eine Person positiven Affekt mit nahezu 50 Prozent der maximalen Intensität erlebt (wir nennen das in der Praxis «plus 50»), gleichzeitig negativen Affekt mit fast minus 70 – also ein durchaus gemischtes Gefühl, könnte man sagen, ein ambivalenter Zustand, der auf der einen Seite recht lustvoll und gut bewertet wird, aber gleichzeitig auch deutlich negative Seiten aufweist. Beide Affektarten zeigen eine mindestens mittlere Ausprägung, was dafür spricht, dass es sich um eine wichtige Angelegenheit handelt.

Warum gehen wir von zwei bewertenden Dimensionen aus, anstatt wie Wundt und viele andere nur von einer einzigen Lust-Unlust-Dimension? Es könnte doch der positive Affekt an dem einen Ende dieser Dimension angesiedelt sein und der negative Affekt einfach am entgegengesetzten Ende! Der Grund für die Aufspaltung ist, dass in verschiedenen wissenschaftlichen Disziplinen immer wieder unterschiedliche Systeme für Belohnung (was zu positivem Affekt führt) und Bestrafung (was zu negativem Affekt führt) gefunden wurden. Diese Befunde haben eine Entsprechung in der Hirnforschung: Es gibt unterschiedliche Strukturen und Bahnen im Gehirn für einerseits positive und aufsuchende sowie andererseits für negative und vermeidende Handlungen. Schließlich begegnen wir diesen Unterschieden auch wieder in der Psychotherapie und in der Erziehung, wo Belohnung und Bestrafung nicht einfach Gegenpole darstellen, sondern qualitativ unterschiedliche Folgen haben.

Affekte sind grundlegendere und in der Praxis wichtigere Gefühlsprozesse als die Emotionen nach der obigen Trias-Definition (oft allerdings werden die psychologischen Begriffe «Affekt», «Gefühl», «Stimmung» und «Emotion» auch recht nachlässig und austauschbar verwendet). Ein Grund, warum wir Affekte als wichtiger als Emotionen begreifen sollten, liegt darin, dass positive und negative Affekte sehr schnell auftreten können, während es doch einige Zeit braucht, bis sich eine Emotion aufgebaut hat. Umgekehrt sind Emotionen, wenn sie einmal entstanden sind, oft ziemlich vergänglich, weil die physiologische Komponente der Emotion nach einiger Zeit vom Körper zurückreguliert wird. Affektive Einstellungen dagegen bleiben oft lange bestehen. Ein weiterer Grund ist, dass wir mehr oder weniger oft in Gefühle verstrickt sind, die wir nicht einordnen können – «Ich weiß gar nicht, was ich jetzt fühlen soll.» Oder man merkt selbst nicht, dass man auf einmal «heftig», «betroffen» oder «verhalten» reagiert, der Gesprächspartner muss es einem erst sagen. In beiden Fällen würden wir konstatieren, dass zwar keine Emotion vorhanden war, aber sehr wohl ein affektiver Zustand, der, anders als Emotionen, nicht auf ein bewusstes Erleben angewiesen ist. Es gibt Menschen, die permanent nicht wissen, was sie fühlen oder ob sie etwas fühlen. Solche Menschen können ihre Gefühlsbewegungen und körperlichen Reaktionen nicht «lesen» und sprachlich verarbeiten, sie sind also eigentlich emotionslos, aber nicht notwendigerweise auch affektlos.

Das soll fürs erste zur Unterscheidung von «Emotion» und «Affekt» genügen. Wir haben diese Begriffe deshalb explizit eingeführt, weil sie grundlegend sind für jegliches Verständnis von psychischen und kommunikativen Prozessen. Der Affekt ist der große Beweger in der Psychologie, ohne Affekt gibt es keine Motivation, keinen Antrieb, keine Handlung und keine Kommunikation. Aus diesem Grund ist das Thema Affektregulation in der heutigen Psychotherapie von herausgehobener Bedeutung. Affekte sind sehr stark an den Körper gebundene Prozesse, sie bewerten und energetisieren das Handeln einer Person, aber sie sind nicht notwendigerweise bewusst und sprachlich verfügbar. Affekte sind die Triebfedern beim Embodiment jedes einzelnen und bei den daraus resultierenden sozialen Interaktionen.

Zimt im Gehirn

Wie bereits gesagt, sind wir nicht davon überzeugt, dass die Psychologie eine neurobiologische Wende einschlagen muss oder auch nur soll. Es ist auch keineswegs so, dass neurowissenschaftlicher Forschung aus irgendeinem Grund ein höherer Erkenntnisgewinn zukäme als etwa den sozialpsychologischen Experimenten, die wir oben anführten. Die moderne bildgebende Forschung in den kognitiven Neurowissenschaften hat allein dadurch einen enormen Attraktivitätsvorsprung, dass sie scheinbar auf genau bezeichnete Orte verweisen kann: Solche «Lokalisation» (eine kognitive Leistung sei da und da im Gehirn lokalisiert) verspricht vermeintlich mehr Evidenz als die durch Statistik abgesicherten Mittelwertunterschiede, die man ja nicht «sehen» kann. Diese besondere Attraktivität ist nicht sehr verwunderlich, denn sie ist unserem in Jahrmillionen geformten evolutionären Erbe geschuldet: Eine Spezies, die von erst baumbewohnenden, dann die Savannen durchstreifenden Primaten abstammt, legt natürlicherweise Wert auf definierte Orte und Regionen. Lokalisierend zu denken steckt in unseren Genen und ist allgegenwärtig in der Sprache. Sogar unsere Denkfiguren für *zeitliche* Zusammenhänge sind räumlich. Es ist uns dermaßen selbstverständlich, dass die Zukunft voraus liegt und unsere Vergangenheit hinter uns, dass wir erst dann auf die Willkür dieser

Metaphorik aufmerksam werden, wenn uns Studien darauf aufmerksam machen, dass dies bei manchen Völkern gerade umgekehrt ist (Lakoff & Johnson, 1999).

Wir wollen nun einige lokalisierende neurobiologische Befunde darstellen, die die neuere Hirnforschung erbracht hat und die für das Embodiment-Projekt bedeutsam sind. Diese Befunde betreffen die «Verkörperung» von Wissen und zeigen, dass Informationsverarbeitung im Gehirn stets den Körper einbezieht. Jedes Wort, jeder Satz, jede Idee, die dem Gehirn als Input gegeben werden, lösen in körperbezogenen neuronalen Netzwerken Aktivität aus, die die Bedeutung der abstrakten sprachlichen Inhalte begründen.

Hauk et al. (2004) konnten zum Beispiel zeigen, dass Worte für Aktionen verschiedener Körperteile, wie zum Beispiel «Lecken», «Greifen» oder «Kicken», jeweils die entsprechenden Areale im motorischen Kortex aktivieren, die auch die realen Aktionen von Zunge, Fingern oder Beinen steuern. Für Gerüche wurde das Entsprechende gefunden: Wenn man das Wort «Zimt» liest, wird dadurch Aktivität im olfaktorischen Kortex erzeugt (González et al., 2006), im Zentrum für Geruchsempfindung. Das bedeutet, dass das Gehirn einen nicht vorhandenen Zimtgeruch zu simulieren scheint, um das durch Schriftzeichen vorgegebene Wort zu verarbeiten. Sogar in Bereichen abstrakten Wissens wie der Mathematik, von denen man bisher immer geglaubt hatte, dass sie der reinen Welt des Geistes entstammen, spielen bildhafte und verkörperte Elemente eine wichtige Rolle (Lakoff & Nuñez, 2000). Während man früher davon ausging, dass es eine Art Bedeutungszentrum im Gehirn geben müsse, das den Worten ihre Bedeutung zuordnet, glaubt man heute, dass die Bedeutung von Worten in der Aktivierung von sensomotorischen Schleifen «repräsentiert» ist. Sensorische Wahrnehmung und motorische Körperbewegung sind im Gehirn also stets durch Schleifen verbunden, was sich sehr gut in die Vorstellung von Embodiment und verkörperter Kognition einfügt. Dass wir die Repräsentation hier in Anführungszeichen setzen, liegt an der langen Debatte, die diesen zentralen Begriff der Kognitionswissenschaft zunehmend kritisch beurteilt. Es ist nicht wirklich eine nur abstrakte, logische Repräsentation, wenn Zimt lesen und Zimt riechen dieselben neuronalen Netze rekrutieren.

Ein weiteres Feld hat sich in den vergangenen Jahren durch die Forschung zu den sogenannten Spiegelneuronen eröffnet. Wir wollen dieses Forschungsgebiet hier nur erwähnen, da es bereits auf die verkörperte Kommunikation hinführt, das Thema des folgenden Kapitels. Mit der sozialen Neurowissenschaft – social neuroscience – hat sich eine Forschungsrichtung entwickelt, die sich damit befasst, was unser Gehirn tut, wenn wir andere Personen bei Handlungen beobachten (Rizzolatti, 2012). Rizzolatti und Mitarbeiter waren hier bahnbrechend: Sie zeichneten bei Affen die Aktivität einzelner motorischer Neuronen auf, die normalerweise aktiviert werden, wenn der Affe mit der Hand einen Gegenstand greift. Das Überraschende am Ergebnis der Forscher war, dass dieselbe Neuronen-Aktivität verzeichnet wurde, wenn der Affe die Greifbewegung bei einem anderen Tier lediglich beobachtete.

Von besonderer wissenschaftlicher Bedeutung sind dabei auch die affektiven Reaktionen des beobachteten Anderen, da die neurobiologische Seite von Empathie und ähnlichen sozialen Zuständen hier sichtbar werden. Singer et al. (2009) fanden dabei Anzeichen für eine besondere Rolle der Insula, einer Struktur der Hirnrinde im Bereich der Schläfen. Diese ist üblicherweise bei bestimmten negativen Emotionen wie etwa Ekel und Schmerz aktiviert. Darüber hinaus hat man festgestellt, dass die Insula nicht nur dann feuert, wenn wir eigenen Schmerz empfinden, sondern auch dann, wenn wir jemanden anderen beobachten, der Schmerzen erleidet. Das Gehirn ist sozial, es benutzt offenbar dieselben neuronalen Bahnen für Gefühl und für Mitgefühl.

Neurowissenschaftlich gesehen gibt es zur Zeit gute Gründe davon auszugehen, dass wir immer, wenn wir Sprache und abstrakte Zeichen benutzen, das ursprüngliche körperliche Erleben zumindest teilweise wiederholen. Diese Vorgänge im Gehirn geschehen weitgehend unbewusst – innerhalb von wenigen Millisekunden. Schon wenn das Gehirn mit einem einzigen Wort gefüttert wird, erzeugt es dazu ein komplettes inneres Theater, so als würden alle Bahnen, die im Gehirn zu diesem Wort in der (auch stammesgeschichtlichen) Vergangenheit angelegt wurden, aktiviert. Psychologisch würden wir dazu sagen: Inhalte im Gedächtnis sind in der Regel multicodiert vorhanden, also in vielfältiger Weise mit anderen Gedächtnisinhalten verknüpft: Das Wort «Zimt» kann den Geruch von Zimt anregen, die Erinnerung an letztes Weihnachten kann Lust auf Süßigkeiten auslösen oder an einen Romanschriftsteller denken lassen, den man meinte, längst vergessen zu haben. Zwischen sachlich völlig unterschiedlichen Dingen wird im Gehirn somit nur ein sehr geringer Unterschied gemacht: zwischen 1. dem, was wir uns nur vorstellen, 2. dem, was wir an andern beobachten, und 3. dem im Hier-und-Jetzt wirklich Erlebten. Umso wichtiger ist es, den Unterschied machen zu können! Bei Geisteskrankheiten kommt es hier nämlich zu Vermengungen, die als psychotisch bezeichnet werden.

Was tragen solche Befunde der Neurowissenschaft zum Projekt Embodiment bei? Das Gehirn ist anscheinend kein Organ, das abstrakte Informationen verarbeiten würde oder könnte. Das Gehirn ist kein digitaler Computer. Beim Denken, beim Vorstellen, beim Lesen und beim Anschauen von anderen wird stets derselbe Prozess beobachtet: Das Gehirn verarbeitet alle diese Situationen immer so, als ob sie im Hier und Jetzt – eingebettet im eigenen Körper, mit eigener Wahrnehmung und eigener Muskelbewegung ausgestattet – tatsächlich stattfinden würden. In allen neuronalen Prozessen, die kognitiven Prozessen zur Seite gestellt sind, steckt eine körperliche, sensomotorische Basis.

Wie das in die Selbstorganisationstheorie passt

Wir haben wiederholt betont, dass verschiedene herkömmliche Erklärungen nicht ausreichen, um den verkörperten Geist zu verstehen. So zeigte sich deutlich, dass die technologische Computer-Metapher des Geistes in der Psychologie ausgedient hat oder haben sollte. Wir wollen aber nicht nur bemäkeln, was alles untauglich ist, ohne Farbe zu bekennen und bessere Vorschläge zu machen.

Unser Vorschlag für eine geeignete Theorie lautet: Systemtheorie und das Prinzip der Selbstorganisation. Der deutsche Physiker Hermann Haken hat aus beiden Aspekten, Systemtheorie und Selbstorganisation, eine interdisziplinäre Theorie, die «Synergetik», entwickelt und mathematisch fundiert (Haken & Wunderlin, 1991; Tschacher, 1997). Die Synergetik ist eine sogenannte Strukturwissenschaft, die sich nur um Strukturen und Zusammenhänge im Allgemeinen kümmert. Das ist ganz so wie bei der Mathematik, einer weiteren Strukturwissenschaft. Die Anwendung strukturwissenschaftlicher Zusammenhänge auf reale Sachverhalte ist dagegen Aufgabe der Einzelwissenschaften wie etwa Physik, Biologie oder Psychologie. Die große Leistung Hakens ist es nun, auf die großen Ähnlichkeiten hingewiesen zu haben, die unterschiedliche Systeme zeigen, wenn sie sich «selbst organisieren». Haken befasst sich mit komplexen Systemen, also Ganzheiten, die aus sehr vielen einzelnen Teilen, den «Elementen» des Systems, zusammengesetzt sind. Wenn sich solche Systeme in einem energiegeladenen Kontext befinden, sozusagen unter Strom gesetzt werden, zeigen sie plötzlich selbstorganisierendes neues Verhalten. Dieses Unterstromsetzen ist bei allen selbstorganisierenden Systemen eine notwendige **Randbedingung**.

Selbstorganisation bedeutet, ein System entwickelt ganz allein und von selbst Ordnung und Muster – man spricht daher auch von spontaner Musterbildung. «Von selbst» heißt, die Muster sind nicht von

Hermann Haken; Quelle: Privat

irgendjemandem vorgeschrieben oder in das System hineinprogrammiert. Musterbildung findet man überall, sogar beim allseitigen Lieblingsthema, beim Wetter. Hochgradig geordnete «Wolkenstraßen» am Himmel sind ein Beispiel, Wirbelstürme ein anderes. Wer aber hat den Wolken die Ordnung verliehen? Niemand, sie entstehen unter bestimmten Randbedingungen von selbst.

Es gibt viele Musterbildungsprozesse in der Biologie, von den schönen Formationen, die Schwärme von Vögeln und Fischen hervorbringen, bis zur kollektiven Schwarmintelligenz bei Bienen und Ameisen. Bei diesen Systemen treffen wir auf eine Form der Musterbildung, die auch in der Kommunikation von Bedeutung sein wird: die Synchronie. Synchronie bedeutet im Fall von Tieren: In einem komplexen «System», bestehend aus vielen einfach gestrickten Einzelorganismen, verhält sich das Ganze in einer regelhaft geordneten Weise, sobald die einzelnen «Elemente» zusammentreffen.

Besonders beeindruckend sind Musterbildungen in der Wahrnehmung, also im Bereich der Psychologie. Jeder kennt Beispiele aus der Gestaltpsychologie, bei denen man sich selbst gewissermaßen dabei zuschauen kann, wie sich die Teile der Wahrnehmung zu einer Ganzheit zusammenfügen – auch ohne dass man das bewusst so will. Zwei Gestaltbilder sind in der folgenden Abbildung gezeigt.

Hier bietet sich also eine Alternative zur Computer-Metapher an. Sie lautet: Der Geist organisiert und gestaltet sich selbst. Diese selbstorganisierenden Prozesse sind von keinem Programmierer vorgeschrieben, es braucht hierfür keine externe Kontrolle, vorausgesetzt sind nur geeignete Randbedingungen.

Wie hängt das mit Embodiment zusammen? Bei selbstorganisierenden Systemen gibt es stets Randbedingungen, das heißt, die Umwelt, in der sich das System befindet, wird immer mit berücksichtigt. Die Synergetik behandelt also stets offene Systeme. Das System ist offen für Einwirkungen aus seiner Umwelt. Und in dieser Weise ist auch der Geist ein offenes System, da er in ständigem Austausch mit körperlichen Einflüssen steht. Deshalb sagen wir:

Beispiele für Musterbildung, die man bei sich selbst beobachten kann: Links sieht man zuerst ein sinnloses Muster von Flecken, die sich plötzlich zu einem Muster (in diesem Fall einem Hund) zusammenfügen. Rechts ein Kippbild: Je nach Abstand (man kann auch die Augen etwas zusammenkneifen) sieht man entweder Marilyn Monroe oder Albert Einstein. Es bleibt aber dasselbe Bild.

Der Geist ist in den Körper «eingebettet». Die Leiblichkeit des Geistes besteht in dessen Umhüllung und Einbettung in den Körper. Wichtig ist also: Unser Körper beeinflusst via Embodiment die geistige Musterbildung entscheidend und andauernd. Das tut er vor allem dann, wenn die Reize nicht hundertprozentig eindeutig sind – und das sind sie sehr häufig nicht. Das schließlich bedeutet: Der Körper spricht praktisch immer mit – beim Denken, beim Wahrnehmen und in der Kommunikation.

Die Randbedingungen offener Systeme

Wie ist das nun zu verstehen – Systeme sollen sich selbst eine Organisation geben? Oder: Systeme sollen in einem regelmäßigen Muster geordnet sein? Die folgende Abbildung veranschaulicht das ganz allgemein. Nehmen wir für den Moment an, dass ein System durch einen rechteckigen Kasten dargestellt ist, in dem Punkte und Striche enthalten sind (in der folgenden Abbildung links). Punkte und Striche sind die Teile (die «Elemente») des Systems, der Kasten versinnbildlicht die Grenzen des Systems. Dieses System ist noch nicht wirklich «komplex», weil es nur 44 Striche und 64 Punkte sind, die sich im Kasten befinden. Alle wirklichen Systeme, mit denen wir es in der Wahrnehmung und besonders auch in der Kommunikation zu tun haben, sind wesentlich komplexer! Die Komplexität eines Systems ist bestimmt durch die Zahl der in ihm befindlichen Elemente und ihrer Wechselwirkungen. Systeme in der Realität beinhalten viele Elemente und viele Sorten von Elementen (das gilt ja auch schon für die schematischen Bilder der Abbildung auf der vorherigen Seite!).

Wie Sie sehen können, sind die Elemente im Kasten links in der Abbildung zufällig verteilt. Die gleiche Anzahl Punkte und Striche im Kasten in der Mitte ist dagegen regelmäßig angeordnet, die Elemente erscheinen irgendwie «organisiert».

Der Befund aus der Synergetik lautet nun, dass sich die regelmäßigen Muster in komplexen Systemen nicht direkt durch kontrollierende einzelne Einwirkungen einstellen, sondern indirekt durch ganz allgemeine Randbedingungen. Einfacher gesagt: Die faktische Organisation der Elemente im Kasten in der Mitte entsteht nicht dadurch, dass ein «Ordner» jeden einzelnen Punkt und jeden einzelnen Strich an die richtige Stelle verschiebt. Die Organisation geschieht von selbst, wenn der ganze Kasten «unter Strom gesetzt» wird, und das bedeutet: durch die Anwendung von Randbedingungen. Veränderte Randbedingungen führen zu anderen Mustern, etwa zu einem Muster in einem Kreissystem (siehe in der Abbildung rechts). Das andere Muster im Kreis ist an die neuen Randbe-

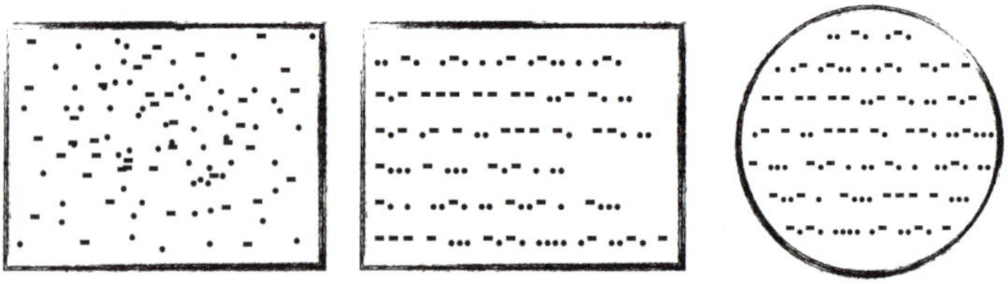

Links: System mit wenig Organisation. Mitte: System mit viel Organisation. Rechts: System mit viel Organisation und neuen Randbedingungen

dingungen des Systems spezifisch angepasst. Unsere Ausführungen sind an dieser Stelle zugegebenermaßen reichlich metaphorisch und blumig, die Zusammenhänge lassen sich jedoch allgemein und mathematisch formulieren (Tschacher & Haken, 2007).

Wenn Sie nochmals die vorangegangene Abbildung «Beispiele für Musterbildung» zu Rate ziehen wollen: Gewisse Randbedingungen sorgen also dafür, dass ein komplexes System eine spezifische Musterbildung «Monroe» entwickelt, ändern sich aber die Randbedingungen, entwickelt das System das andere Muster «Einstein». Dies ist eine Musterbildung durch Selbstorganisation, wobei das Muster die Wahrnehmung eines Gesichts ist, gewissermaßen ein psychisches Muster. Interessanterweise funktioniert der gleiche Musterbildungsvorgang auch unter anderen Bedingungen: Werden dem Musterbildungssystem (also: Ihnen) nur wenige Elemente von «Monroe» oder «Einstein» präsentiert, kann es das richtige und vollständige Muster dennoch reproduzieren. Auf solch einem Vorgang basiert die Erinnerung in einem sogenannten assoziativen Gedächtnis. Es gibt auch Computerprogramme, die assoziative Gedächtnisse nachahmen (Informatiker nennen sie wegen einer gewissen Ähnlichkeit zu Gehirnstrukturen neuronale Netzwerke). Diese Programme können beispielsweise mit vielen Gesichtern trainiert werden, um schließlich in der Lage zu sein, bei Eingabe eines Fragments eines der trainierten Gesichter das richtige Gesicht zu rekonstruieren. Das Fragment wird blitzschnell zum vollständigen Muster (also Gesicht) ergänzt: Das ist nichts anderes als Mustererkennung durch selbstorganisierte Musterergänzung.

Wir können schon einmal Folgendes allgemein festhalten und zusammenfassen: Angenommen, Sie haben es mit einem komplexen System zu tun, versuchen Sie dann bitte nicht, jede Einzelheit zu kontrollieren und an die «richtige Stelle» zu bringen, um «Ordnung herzustellen». Sie würden sich völlig überlasten, und am Ende hätten Sie doch nicht diejenige Ordnung geschaffen, die Sie zuerst wollten. Das gilt insbesondere dann, wenn Sie und mehrere andere dasselbe versuchen, was für komplexe Kommunikationssituationen charakteristisch ist. Wesentlich klüger und effizienter ist es, auf kreative, selbstorganisierende Prozesse zu bauen. Das bedeutet, Sie **unterlassen die direkte Kontrolle** und **bereiten stattdessen die Randbedingungen** so vor, dass die Musterbildung in Ihrem Sinne erfolgt.

2. Kapitel: Theoretischer Rucksack für Kommunikation: von der Kanaltheorie zur Embodied Communication (EC)

Kanaltheorie: Die Illusion von Sender – Botschaft – Empfänger

In den vorigen Abschnitten über Theorien des Geistes und der Kognition haben wir argumentiert, dass die Ideen rund um das Embodiment-Konzept bessere Modellvorstellungen erlauben als die heute doch deutlich antiquierte Computer-Metapher des Geistes und auch bessere als die immer noch modische Totalreduktion des Geistes auf Gehirnprozesse. Eine ganz ähnliche Situation finden wir im Feld der Kommunikation vor. Mit dieser Situation werden wir uns im folgenden Kapitel theoretisch befassen. Im Reich der Kommunikation dominiert in Theorie und besonders in der Praxis nach wie vor die «Kanaltheorie». Sie besagt, dass Kommunikation ein Vorgang ist, bei dem ein *Sender* eine *Botschaft* durch einen *Kanal* an einen *Empfänger* schickt.

Die Kanaltheorie ist unserer Meinung nach weniger eine richtige Theorie, als ebenfalls eine Metapher, die ausgedient und den Weg ins Antiquariat verdient hat. Also wollen wir uns die Kanaltheorie genauer anschauen und diskutieren, wie gut sie auf die zwischenmenschliche Kommunikation zutrifft und wo ihre Beschränkungen liegen.

Die Kanaltheorie stammt aus der Zeit der frühen Nachrichtentechnik um die Mitte des vorigen Jahrhunderts, wie wir in der Einleitung bereits vorausgeschickt haben. Es ging damals (wie auch heute!) um die Frage, wie man mithilfe von Medien auf Distanz kommunizieren kann. Claude Shannon fand eine mathematische Methode, wie man Information, die von einer Sendeeinrichtung zu einem Empfangsapparat übertragen wird, auffassen kann. Dazu braucht man zunächst einen Kanal – etwa eine Stromleitung oder eine Funkwelle –, über den die Information gesendet werden kann. Je nach Kanal und je nach Zweck der Informationsübertragung –

als Telegrafie oder Telefonie oder Rundfunk – muss die Information in der Sendeeinrichtung in eine dem Kanal entsprechende Form übersetzt werden, also «codiert» werden. Der Empfänger muss dann am andern Ende des Kanals entsprechend «decodieren», also die Information entschlüsseln und dechiffrieren. Der zentrale Baustein der Nachrichtentechnik war die Entwicklung einer Begrifflichkeit und eines Maßes für Information. Dieses Maß entnahm Shannon der Physik und der Wahrscheinlichkeitslehre. Als Einheit für Information bestimmte er das Bit, definiert als die Gewissheit, die darin steckt, dass eine 1 und nicht eine 0 gesendet wurde. Im binären Code sind nur Nullen und Einsen erlaubt, es gibt aber als Erweiterung des einfachsten Falles viele andere Codes, zum Beispiel das Alphabet. Das Buch, das Sie gerade lesen, ist also ein Beispiel für Information, die Sie soeben dechiffrieren. Sie sind sicher froh, dass wir auf binären Code verzichteten.

Entropie ist ein Maß für die Unordnung in einem System. Die mögliche maximale Entropie in einem System wächst also mit der Größe des Systems und der Zahl und Art der Teile, die das System beinhaltet. Denken Sie an ein Kinderzimmer: Je mehr Spielzeuge und Kinder darin sind und je größer das Zimmer ist, desto größer ist die Entropie, die von Eltern nach fünf, zehn und fünfzehn Minuten darin vorgefunden wird. Entropie ist ein grundlegendes Maß der Physik. So besagt der 2. Hauptsatz der Thermodynamik, dass die Entropie in einem geschlossenen System nicht abnehmen kann, das heißt, es entsteht keine Ordnung von selbst. In der Regel nimmt die Entropie im System zu, Strukturen zerfallen, und alles verteilt sich. Was hat Entropie mit Information zu tun? Je höher die Entropie, desto mehr Information brauchen Sie, um genau zu wissen, wie das System beschaffen ist. Stellen Sie sich vor, Sie beschreiben Ihrem geliebten Partner, der im Wohnzimmer sitzt und Zeitung liest, detailliert den Zustand des Kinderzimmers: Je höher die Entropie im Kinderzimmer, desto länger müssen Sie berichten.

Information ist nach Shannon eng verknüpft mit Entropie, dem physikalischen Maß für Unordnung. Je höher die Entropie, desto

Sein Blick ist vom Vorübergehn der Stäbe
so müd geworden, daß er nichts mehr hält.
Ihm ist, als ob es tausend Stäbe gäbe
und hinter tausend Stäben keine Welt.

btraens rtehui.B ergl   edhe   eedn nr icnt
o genservwshoek ttdoedaensioa dis dkg hretr.a
lu Seetni Wß nem   Su hl mhsnbmins
ittclde tblsbbStVbeo m eS

Strophe aus Rilkes Gedicht «Der Panther», unten eine Zufallsabfolge aller Zeichen derselben Strophe. Die untere Version enthält *mehr* Information. Ironischerweise kostete es mich fast eine Stunde Arbeit, Rilkes wohlgeordnete Botschaft ordentlich in Zufall zu überführen.

höher der Informationsgehalt einer Nachricht. Eine Abfolge zufälliger Buchstaben enthält deshalb mehr Information als ein Gedicht von Rainer Maria Rilke.

Diese mit der Nachrichtentechnik entwickelte Informationstheorie erlaubte große Leistungen ingenieurstechnischer Art. Die Ingenieure konnten allerdings nicht voraussehen, dass eines Tages ihr Informationsbegriff auf die technikgläubige Psychologie der 1960er Jahre stoßen würde, in der man sich den Geist wie eine Reiz-Reaktionsmaschine der Lernpsychologie aufgebaut dachte und die Computer-Metapher entwickelte – und ihr für Jahrzehnte treu ergeben blieb. Im Zentrum der Lernpsychologie stand immer die Abfolge Wahrnehmung – Verarbeitung – Reaktion. Dies passte ausgezeichnet zur Informationstheorie der Ingenieure: Ein Empfänger decodiert die Botschaft eines Senders, macht ein wenig Informationsverarbeitung und sendet dann eine weitere Botschaft zurück, ganz im Sinne der folgenden Abbildung. Bald war die Kanaltheorie ein psychologisches Modell für Kommunikation, und die Computer-Metapher das anerkannte Modell für menschliche Kognition: Triumph der Technik!

Die Kanaltheorie und die Reiz-Reaktionstheorie haben unbestritten große Verdienste und funktionieren ausgezeichnet – in gewis-

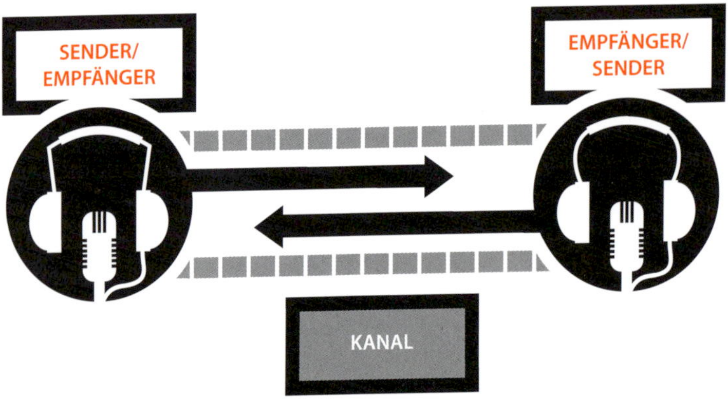

Oben ein Nachrichtenkanal (schematisch), unten ein richtiger Kanal

sen Grenzen: Die Reiz-Reaktionstheorie eignet sich recht schön für Laborratten in Käfigen, das Sender-Empfänger-Modell für einsame Funker, die sich über Telegraphenleitungen Morsesignale zusenden (siehe Kasten «Morse-Telegraph»). Weil solche Situationen in der menschlichen Kommunikation sehr selten vorkommen, hat die Psychologie seither versucht, diese schlichten Modelle auszuweiten und für die Anwendung auf alltäglichere Probleme zurechtzuschneiden. Inzwischen wird aber allgemein anerkannt, dass das Reiz-Reaktionsmodell in vieler Hinsicht unzutreffend und unzureichend ist. Zum Beispiel sind Menschen (wie übrigens auch Laborratten) keineswegs in erster Linie reagierende Wesen; stattdessen agieren sie meistens autonom und aus sich selbst heraus. Oft sind die Abläufe auch gerade umgedreht: Aus der Aktion entstehen erst die Reize, auf die dann reagiert wird oder auch nicht. Man kann allgemein sagen: Es ist unrealistisch anzunehmen, dass sich Lebewesen nur auf Reize hin verhalten. Die besseren Modelle gehen davon aus, dass Lebewesen, reizhungrig wie sie meist sind, autonom handeln und so ihre Umwelt aktiv gestalten.

Ein längeres Leben aber war der Kanaltheorie beschieden, nach wie vor bestimmt sie in vielfältigen Versionen unsere Vorstellung von Kommunikation. Schauen wir uns also etwas genauer die zugrundeliegende Sender-Empfänger-Metapher an. Der nachrichtentechnische Ursprung ist auch den heutigen Modellen von Kommunikation, die immerhin durch Jahrzehnte psychologischer Forschung gingen, noch anzumerken. Quelle vieler Missverständnisse ist der Begriff der Information. Die Definition von Information als «Unordnung», also Entropie, ist offenbar etwas völlig anderes als das, was Menschen normalerweise unter Information verstehen: Für uns hat eine Nachricht einen Informationsgehalt nur dann, wenn wir sie verstehen, also mit Bedeutung füllen können. Das verhunzte Rilke-Gedicht enthält in diesem Sinne sicher *keine* Information.

Morse-Telegraph: Sobald man (im frühen 19. Jahrhundert) in der Lage war, elektrische Signale durch Leitungen zu senden, war klar, dass man auf diese Weise Botschaften mit hoher Geschwindigkeit versenden konnte, sogar schneller als mit der berittenen Post oder durch Rauchzeichen. Samuel Morse entwickelte einen Code, der den Buchstaben des Alphabets und den Zahlen jeweils eine eigene Abfolge von kurzen (·) oder langen (–) Signalen und, zwischen den Signalen, eine Pause zuordnet. «A» ist beispielsweise · – , «Z» ist – – · ·. Die Morsekommunikation, bald auch drahtlos über Radiosender, war über hundert

Jahre lang weltweiter Standard in der Telekommunikation, etwa in der Seefahrt. Morsekommunikation charakterisiert die klassische Idee von Kommunikation nach der Kanaltheorie: Man kann gleichzeitig nur entweder morsen oder lauschen; jede Botschaft ist digital kodiert; es gibt keine anderen mitgefunkten Informationen außer «kurz», «lang», «Pause». Letzteres stimmt allerdings nur teilweise, denn auch Morse-Funker entwickelten unwillkürlich ihre persönliche eigene «Handschrift», an der sie quasi nonverbal erkannt werden konnten.

Das Problem der fehlenden Bedeutung im Konzept der Information war den Kommunikationspsychologen natürlich durchaus bewusst, und sie versuchten daher, die Kanaltheorie um die Bedeutungsebene sowie zusätzliche Aspekte zu erweitern. Ein gutes Beispiel ist das «Vier-Ohren-Modell» von Friedemann Schulz von Thun (1981). Kommunikation beim Miteinanderreden setzt zwei oder mehr Personen voraus: Sender und Empfänger. Die Kommunikation besteht aus einer Botschaft, etwa einem gesprochenen Satz, der über einen Kommunikationskanal übermittelt wird. Schulz von Thuns Modell geht von vier Ebenen aus, mit denen der Sender eine Botschaft versieht, bevor sie auf den Weg durch den Kanal geschickt wird. Entsprechend muss der Empfänger mit vier verschiedenen «Ohren» auf die in der Botschaft steckenden Bedeutungsebenen achten. Information ist hier also mehr als Information nach der Theorie von Shannon. So ist es zum Beispiel möglich, auch einer Metakommunikation gerecht zu werden, auf die schon Gregory Bateson hinwies, einer der Väter der Kybernetik und Kommunikationstheorie. Als Metakommunikation bezeichnet man eine zusätzliche Kommunikation b über die gerade stattfindende Kommunikation a, wobei b besagt, wie a zu verstehen ist. Wenn beispielsweise a lautet «das Menü in diesem Restaurant ist immer besonders gut!», und b aus einem schmerzvollen Gesichtsausdruck besteht, befindet man sich wahrscheinlich mitten in einer Metakommunikation. Der rein objektive Bedeutungsgehalt der Botschaft – falls ein solcher existieren sollte – stellt bei Schulz von Thun nur eine der vier Ebenen dar (die «Sachebene»), die ein Sender sendet.

(1) Sachebene: Der Inhalt einer Botschaft des Senders.

Auf den weiteren drei Ebenen wird noch mitgefunkt, wie die Botschaft darüber hinaus zu verstehen sein soll: Auf der Beziehungsebene etwa wird kommuniziert, wie der Sender die Beziehung zwischen Sender und Empfänger einschätzt, es geht also um die Bedeutung der Botschaft für die Beziehung. Weitere Bedeutungs-Ebenen betreffen den Appell und die Selbstkundgabe.

(2) Beziehungsebene: Der Sender gibt zu verstehen, was er vom Empfänger hält.
(3) Appellebene: Der Sender lässt erkennen, was er vom Empfänger möchte.
(4) Selbstkundgabe-Ebene: Der Sender gibt Informationen über sich selbst preis.

Dementsprechend hat der Empfänger solcher Botschaften vier Ohren, die auf die Informationen, die über die vier Ebenen des Kommunikationskanals hereinkommen, abgestimmt sind. Alle vier Ohren des Empfängers lauschen also auf unterschiedliche Bedeutungsaspekte der Botschaft.

Schulz von Thuns Modell ist anschaulich, klar strukturiert und zunächst auch einfach einzusetzen (zum Beispiel in Arbeitsgruppen und in der psychologischen oder pädagogischen Beratung). Entsprechend groß war der Erfolg dieses Modells und ähnlicher Vorstellungen von Kommunikation. Wir sind dennoch der Ansicht, dass es an der Zeit ist, die auf dem Sender-Empfänger-Mechanismus basierenden Denkmuster, die in allen Formen der Kanaltheorie zum Ausdruck kommen, insgesamt durch eine andere Theorie abzulösen. Dafür gibt es eine Reihe von triftigen Gründen.

Kritik der Kanaltheorie

Die Illusion von der Gerichtetheit der Kommunikation

Der erste Anlass zur Kritik ist derselbe, der auch für unser Konzept Embodiment (Storch et al., 2010) wichtig war: Auf der Verbindung Körper – Geist stoßen wir stets auf Gegenverkehr! Wir wiesen da-

Viele Botschaften segeln gleichzeitig in unterschiedliche Richtungen

rauf in den Abschnitten über Embodiment im ersten Kapitel hin. In der realen Kommunikation – außerhalb des Morsefunks – ist es genauso. Wir haben es mit zweiseitig gerichteten Prozessen zu tun. Empfänger hören nicht einfach auf zu senden, selbst wenn sie mit vier Ohren konzentriert zu lauschen versuchen. Die vorausgesetzte Gerichtetheit der Kommunikation ist eine Fiktion, die die Adäquatheit der Kanal-Modelle stark einschränkt. Wer sendet, empfängt gleichzeitig auch, und wer empfängt, ist zugleich auch weiterhin Sender. Wer jemals versucht hat, in einer brisanten Kommunikationssituation einfach nur ganz neutraler Zuhörer zu sein («Ich sag jetzt erst mal gar nichts mehr!»), hat sicher schon die Erfahrung gemacht, dass man nicht einfach nicht-senden kann. Der berühmte Grundsatz von Watzlawick, Beavin und Jackson (1969) lautete ganz entsprechend: Man kann nicht nicht kommunizieren (Axiom 1 dieser Autoren). Darin steckt eine wichtige Erkenntnis, die uns dazu zwingt, die Illusion von der Gerichtetheit der Kommunikation aufzugeben.

Die Illusion von der Existenz einer fixen Botschaft

Der zweite Kritikpunkt ist, dass wir wichtige, ja entscheidende Phänomene, die wir aus der Kognitionswissenschaft kennen, in der Sender-Empfänger-Metaphorik nicht unterbringen können. Was ist beispielsweise mit den vielfältigen Formen von Musterbildungen des Geistes und der Kognition, die wir oben beschrieben haben? Gerade sie sind doch charakteristisch für das neue System, das sich in der realen, also verkörperten Kommunikation zwischen Individuen herausbildet. Das Sender-Empfänger-Modell bleibt aber dem statischen Eins-nach-dem-andern der Kanaltheorie verhaftet und verfehlt damit wichtige «systemische» Charakteristiken von Kommunikation. Letzten Endes bezweifeln wir, dass es überhaupt so etwas wie eine «Botschaft» gibt, die zwischen Sender und Empfänger ausgetauscht wird. Kommunikation ist eher etwas, das sich selbstorganisiert ereignet, wenn sich Sender und Empfänger in einem geeigneten Kontext begegnen. Die Existenz einer «Botschaft», also einer Nachricht, die in einem Behälter mittels eines Kanals versendet wird, ist eine Fiktion.

Hier spielt auch die Tatsache eine Rolle, dass ein bedeutender Teil aller psychischen Prozesse unbewusst abläuft. Die Existenz des Unbewussten wird in der Psychologie heute nicht mehr bestritten. Wenn aber unbewusste psychische Vorgänge sowohl beim Sender als auch beim Empfänger einer Botschaft wirksam sind, dann wird es schwierig bis unmöglich festzustellen, was denn nun die Botschaft sei: der vom Sender bewusst gewollte Anteil oder der unbewusst mitgeschickte Anteil? Oder sprechen wir von derjenigen Botschaft, die der Empfänger bewusst verstanden hat? Oder ist die Botschaft gar das, was den Empfänger, ohne dass er es bewusst bemerkte, beeinflusst hat? Kurz gesagt, auch die Berücksichtigung des unbewussten Teils unseres Geistes verdeutlicht, dass Botschaften keinen fixen, dinghaften Charakter haben, den man, in einer Flasche verkorkt, auf die Reise schicken kann.

Die Kontrollillusion

Wenn es keine Gerichtetheit (1) und keine Botschaft (2) gibt, so denken Sie jetzt wahrscheinlich, dann gibt es auch keine Kommunikation!? Falsch. Natürlich gibt es Kommunikation, in den überwiegenden Fällen handelt es sich sogar um gelingende Kommunikationen, die das Wissen und Wohlbefinden der beteiligten Personen verbessern. Darüber sprechen wir in Kapitel 4. Nur:

Wenn es keine Richtung und keine fixe Botschaft gibt, sollte man von dem Glauben Abstand nehmen, Kommunikation könne *kontrolliert* werden. Dies als Illusion zu verstehen ist vielleicht die wichtigste Erkenntnis, die sich aus den bereits genannten wissenschaftlichen Entwicklungen entnehmen lässt. Der Morsefunker hatte viel mehr Kontrolle über seine Kommunikationen, als wir es in unserem Kommunikationsalltag je erleben können: Niemand konnte ihm dazwischenfunken, wenn er an der Reihe war und losmorste. Sein weit entfernter Kommunikationspartner konnte ihn nicht beeinflussen, während er in seine Taste klickte. In echter Kommunikation ist das aber anders: Die Kommunikation entsteht mitsamt ihren vielen Bedeutungen innerhalb des neuen Systems, das sich beim Zusammentreffen von zwei oder mehr beteiligten Personen jeweils erst bildet. Zuständig für solche Systeme ist wieder die Selbstorganisationstheorie, die wir in Kapitel 1 einführten.

Kontrolle ist eine Illusion der Techniker simpler Maschinen. Kommunikationssysteme sind aber nicht simpel, sondern komplex. Die beste wissenschaftliche Beschreibung, die das bei jeder Kommunikation jeweils neu entstehende System kennzeichnet, ist die Beschreibung durch die selbstorganisierte Synchronisation der Beteiligten. **Synchronie** ist das Kennzeichen der Embodied Communication – mehr davon im übernächsten Abschnitt.

Handhabbarkeit

Fast hätten wir es vergessen bei all der Fundamentalkritik an der Kanaltheorie und ihren aufgepeppten modernen Nachfolgern: Ein kritischer Punkt ist die Brauchbarkeit eines Kommunikationsmodells für die Praxis. Menschen, soviel ist aus der psychologischen Forschung zum Kurzzeitgedächtnis bekannt, können nur wenige Dinge gleichzeitig im Blick behalten – sprichwörtlich ist hier die Zahl 7 plus oder minus 2 (Miller, 1956). Außerdem können Menschen während eines Zeitraums nur *eine* Handlung durchführen. Nicht einmal Frauen können wirklich «multitasken». Jeder Sender, der, wie wir gesehen haben, gleichzeitig immer auch Empfänger ist, ist bereits mit den vier Ebenen und vier Ohren, die zusammen acht ergeben, vollauf beschäftigt. Auf allen vier Sende-Ebenen und vier Ohren kommen jeweils mehrere (bei Schulz von Thun je mindestens drei) zu beachtende Unterpunkte hinzu. So soll etwa die Sachebene auf Wahrheit, Relevanz und Hinlänglichkeit geprüft werden. Für die Handhabbarkeit im Kommunikationsalltag bedeutet das: $8 \times 3 = 24$ – was eine deutlich viel größere Zahl als 7 ± 2 ergibt! Das sagt uns die Mathematik, sei sie nun embodied oder auch nicht.

Sind Nachrichten nach der psychologisch erweiterten Kanaltheorie somit sehr komplizierte Dinge? Klar ist jedenfalls, dass wir an der Kompliziertheit eines solchen modernisierten Kanalmodells scheitern müssten, wenn wir uns im Hier und Jetzt in unserer Kommunikation nach ihm richten wollten. Wir räumen ein, dass ein Kanalmodell als Heuristik für Coaching in Ordnung gehen mag, handhabbar ist das Modell aber sicher nicht.

Wir sind ohnehin im Grundsatz anderer Meinung: Kommunikation ist einfach, denn sie ereignet sich ohne unsere Kontrolle, sie organisiert sich selbst. Das heißt selbstverständlich leider nicht, dass sie sich stets nach unseren eigenen Wünschen selbstorganisiert. Aber wir können die Randbedingungen und Voraussetzungen für befriedigende Kommunikation schaffen!

Bevor wir uns in Kapitel 3 an die praktische Umsetzung dieser Ergebnisse machen, wollen wir den theoretischen Rucksack noch mit den Forschungsergebnissen zur Synchronie in der Kommunikation ausstatten.

Synchronie als Grundlage der Embodied Communication

Genauso wie eine auf Embodiment aufbauende Psychologie die Computer-Metapher des Geistes ablösen wird, wird sich auch das nachrichtentechnische Weltbild, das aus dem Kanalmodell spricht, schließlich als ungeeignet erweisen. Wir sind der Meinung, dass Embodied Communication den Realitäten wesentlich gerechter wird. Außerdem ist EC in der Praxis handhabbarer – dies beschreiben wir im weiteren Verlauf dieses Buches. Nun wollen wir den Rucksack noch ein wenig weiter packen.

Kommunikation und Interaktion bedeuten ganz allgemein, dass zwei oder mehr Personen ein System bilden. Systembildung führt, wie wir in Kapitel 1 über den Geist gesehen haben, gemäß der Systemtheorie und Synergetik zur Musterbildung im neu entstehenden System. Angewandt auf Kommunikation geht es um soziale Musterbildung. Diese ereignet sich nicht, weil eine Person «das so will», und noch nicht einmal in der Weise, wie es alle beteiligten Personen im Durchschnitt wollen. Vielmehr handelt es sich um eine Form der Selbstorganisation.

Für diese Form der Musterbildung im sozialen Zusammenspiel von Individuen wollen wir den Begriff der **Synchronisation** benutzen. Das Endresultat der Synchronisation bezeichnet der Begriff «**Synchronie**». Synchronie kommt von griechisch «syn» = «zusammen» und «chronos» = «Zeit». Zwei Menschen sind synchron, wenn sie sich gleichzeitig und in gleicher Weise bewegen. Ein Extrembeispiel ist das Synchronschwimmen im Duett – die merkwürdigste Sportart aller Zeiten. Auch zwei miteinander tanzende Personen bewegen sich in Maßen synchron, denn sie folgen demselben Takt und Rhythmus (Abbildung auf der nächsten Seite). Man kann auch sagen, die Tanzenden kommunizieren miteinander mittels dieser Synchronisation. Genau hier ist der Ansatzpunkt für unsere Theorie der Kommunikation: Embodied Communication bedeutet Kommunikation auf Basis des synchronisierten Embodiment der beteiligten Personen!

Es gibt bereits eine beachtliche psychologische Literatur zur verkörperten sozialen Synchronie. Forscher können das Auftreten von Synchronie mit technischen Apparaturen oder per Video-Analyse statistisch nachweisen, selbst wenn die Synchronie von den beteiligten Personen gar nicht wahrgenommen wird. Im Alltag merken die Beteiligten sogar in aller Regel nicht, dass und wie stark sie sich bei einer Kommunikation körperlich synchronisieren. Menschen synchronisieren sich unbewusst. Die folgende kurze Übersicht

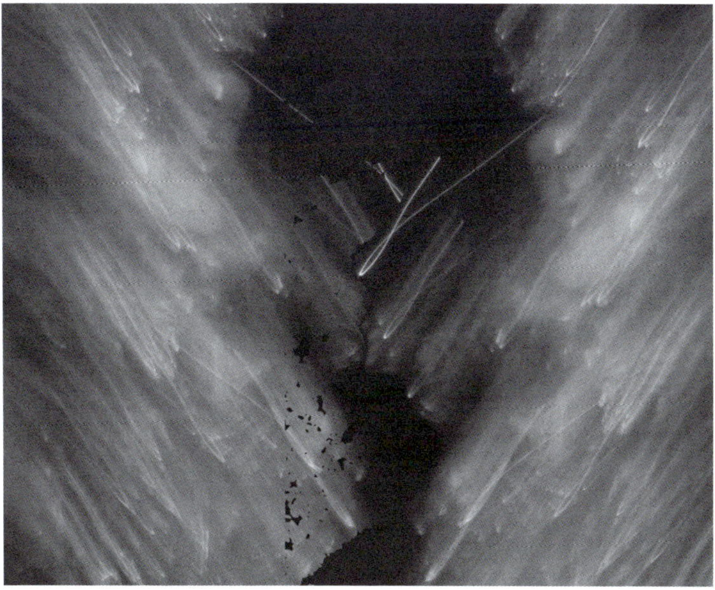

Tanz als Synchronie; Quelle: privat

zeigt, dass Synchronie von unterschiedlichen Forschergruppen in unterschiedlichen sozialen Systemen beobachtet wurde. Daraus lässt sich schließen, dass es sich um ein sehr verlässliches Forschungsergebnis handelt. Leider folgt daraus auch – typisch für die psychologische Wissenschaft –, dass das Kind Synchronie jedes Mal einen anderen Namen erhalten hat: Imitation, Chamäleoneffekt, Mimikry, Ansteckung.

In der Mutter-Kind-Kommunikation wurden Synchronisationsprozesse auf verschiedenen Ebenen untersucht. Bereits bei Neugeborenen findet sich Imitationsverhalten, wobei die Babys die Mimik ihrer Eltern nachahmen (zum Beispiel das Herausstrecken der Zunge). Man fand auch, dass Synchronie zwischen Säugling und Mutter mit der Stärke der Bindung zusammenhängt. Wechselseitiges und zeitlich gut abgestimmtes Imitationsverhalten, also synchronisierte Kommunikation, ist gekoppelt mit einer sicheren Bindung, also einer vertrauensvollen, zuverlässigen und stabilen

Beziehung zwischen Mutter und Kind. Sichere Bindung stellt einen in der Kindheit erworbenen wichtigen späteren Schutzfaktor dar vor psychischen Störungen eines Menschen.

Aus der sozialpsychologischen Forschung kommt der Begriff des Chamäleoneffekts und des Mimikry: Wenn ein Kommunikationspartner eine Verhaltensweise seines Gegenübers beobachtet, steigt automatisch und unwillkürlich die Wahrscheinlichkeit eines entsprechenden Verhaltens bei ihm selbst. Bei Sympathie zwischen Menschen ist der Effekt ausgeprägter. Immer wieder ergaben sich solche Hinweise auf einen Zusammenhang von Synchronie mit der Qualität der Beziehung – bei Kindern, in Gruppen und in der therapeutischen Beziehung bei Psychotherapien. Hochgradig nützlich kann es sein zu wissen, dass bei Flirts oft Synchronie im Spiel ist und den Erfolg der erotischen Kommunikation voraussagt. Eine weitere Auftretensweise von Synchronie in der Kommunikation ist die soziale Ansteckung. Fast jeder kennt diese Erfahrung von sich selbst: Emotionen anderer Leute können ansteckend sein. Dies trifft auf emotionales Ausdrucksverhalten wie Lachen, Weinen oder Äußerungen von Ekel zu; sicher kennt jeder aus dem Alltag auch, wie ansteckend es ist, wenn jemand in seiner Gegenwart gähnt!

Ansteckendes Gähnen; Foto: John van Beers (www.flickr.com/johnvanbeers)

Menschen zeigen neben individuellen Synchronien sogar auch synchronisiertes Schwarmverhalten wie die Bienen, Fische und Vögel, denkt man nur an den Applaus im Theater oder «La Ola» im Sportstadion. Alle diese Phänomene, ob sie nun als Synchronie, Imitation, Chamäleoneffekt, Mimikry oder Ansteckung bezeichnet werden, zeigen eine typische Eigenschaft des Embodiment: Die Wirkungen zwischen Körper und Geist verlaufen in beiden Richtungen. Am Beispiel von Applaus im Theater heißt das: Klatschen ist Ausdruck der Begeisterung – aber wenn man, durch seine Nachbarn zusätzlich angeregt, mitklatscht, wächst die Begeisterung auch noch. Synchronie erzeugt positiven Affekt. Wenn also die armen Zuschauer in manchen TV-Shows, wie man hört, zum Zwangsapplaus genötigt werden, so macht das gleich mehrfach Sinn (allein mit der Qualität der Sendung selbst besteht kein zwingender Zusammenhang). Ein weiteres Phänomen aus dem Bereich der emotionalen Ansteckungen ist das Fremdschämen: Ich schäme mich stellvertretend für jemanden, der sich soeben total blamiert. Fremdschämen ist eine ziemlich ambivalente Emotion, die hohes Anwendungspotenzial im Bereich der Medien hat. Es gibt schamempfängliche TV-Konsumenten, die genau deshalb einen weiten Bogen um die zahlreichen Talkshows im Fernsehen machen.

Unsere eigene Forschungsgruppe untersucht seit Jahren die Synchronie in der psychotherapeutischen Kommunikation. Erste Befunde stammen aus den 1990er Jahren und betreffen die zunehmende Synchronisierung von bewussten Einschätzungen einer Therapie durch Therapeuten und Patienten. Erhoben wurden die Daten anhand regelmäßig nach allen Sitzungen ausgefüllter Fragebögen. Es zeigten sich klare Hinweise auf zunehmende Synchronisation im Verlauf der Therapien (Tschacher, Ramseyer & Grawe, 2007). Diese Forschung ist als Vorläufer der Arbeiten zur verkörperten Synchronie zu verstehen, also der Synchronie in Zusammenhang mit Embodiment. Darin wandten wir uns dem nonverbalen Verhalten von Patienten und Therapeuten zu und erhoben das Ausmaß der nonverbalen Synchronie auf der Basis von Video-Aufzeichnungen der Therapiesitzungen. Wir entwickelten hierfür eine computergestützte automatische Methode, die «Motion energy analysis» (MEA), die seither in mehreren Untersuchungen unterschiedlicher Forschungsgruppen verwendet wurde. Eine kontrollierte und randomisierte Studie (Ramseyer & Tschacher, 2011) ergab einen klaren Beleg für die Existenz von nonverbaler Synchronie, ein Ergebnis, das wir auch in Kommunikationen ohne therapeutischen Kontext replizieren konnten.

Neben diesem Nachweis von Synchronie fanden wir weiterhin Hinweise auf die Bedeutung von Synchronie. So steht Synchronie mit guter Beziehungsqualität in Zusammenhang. Patienten mit sicherer Bindung weisen in der Motion energy analysis höhere Synchronie auf. Problematische Eigenschaften der Patienten, wie zum Beispiel kaltes oder ängstlich-unsicheres Sozialverhalten, gehen mit niedrigen Synchronie-Werten in der Kommunikation einher. Schließlich konnten wir das Erreichen der Therapieziele über das Ausmaß der nonverbalen Synchronisation in den Therapiesitzungen voraussagen. Bei Versuchspersonen, die sich vorher unbekannt waren und Themen von allgemeinem Interesse durchdiskutieren sollten, stand Synchronie in Zusammenhang sowohl mit dem positiven als auch negativen Affekt (vgl. Kapitel 1): Synchronie erzeugte höheren positiven Affekt und reduzierte den negativen Affekt (Tschacher, Rees & Ramseyer, 2014).

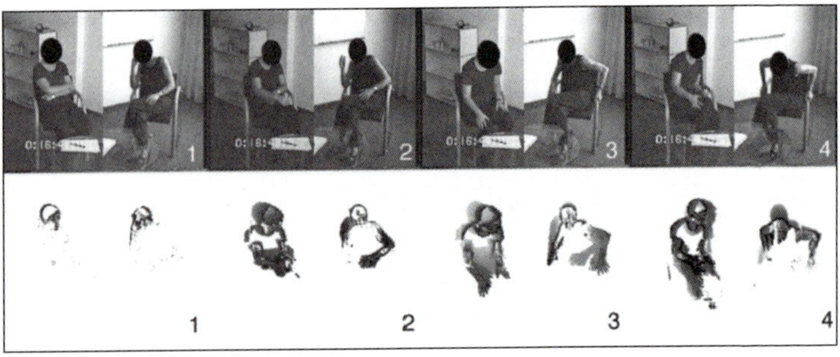

Messung der Bewegungsenergie (motion energy) als Methode zum Nachweis von nonverbaler Synchronie. Quantifiziert wird, wie viele Pixel der Videobilder 1 bis 4 (obere Zeile: links jeweils Patientin, rechts jeweils Therapeutin) sich bei Körperbewegung der beiden Personen verändern (untere Zeile: nur die sich verändernden Pixel sind sichtbar gemacht). Abbildung nach Ramseyer (2008)

Bewusst herbeigeführte Synchronie?

Man könnte nun meinen: Wenn es affektiv und bindungsmäßig so positiv ist, sich in nonverbaler und sonstiger Synchronie mit jemandem zu befinden, dann müsste das doch eine hervorragende Technik sein, um die Qualität von Kommunikation zu optimieren! Es ist doch gar nicht schwer, jemanden bewusst nachzuahmen und zu imitieren. Falls Sie das aber schon einmal versucht haben sollten, werden Sie eventuell ziemlich unliebsame Erfahrungen gemacht haben. Sobald nämlich das wohltuende «Zusammenschwingen» und «in Resonanz sein» die Schwelle zum Bewusstsein überschreitet, tritt oft genau der entgegensetzte Effekt ein. Wo vorher angenehme Synchronie war, ist plötzlich das unangenehme Gefühl, «nachgeäfft» zu werden. Wenn Sie jemanden mit Kindergartenmitteln auf die Palme bringen wollen, müssen Sie nur seine genauen Worte mit unangenehmem Tonfall wiederholen. Das funktioniert immer!

Mit anderen Worten: Synchronie in der EC ist gut und erzeugt positiven Affekt. Besonders bei mittlerer Ausprägung wird Synchronie als angenehm empfunden. Ein **mittleres Synchronisierungsniveau ist in der Regel optimal.** (Eine Ausnahme von dieser Regel dürfen Sie gerne machen, wenn Sie mit Ihrer Partnerin tanzen gehen: Sie haben sicher schon davon gehört, dass im Paartanz auch höhere Synchronien nicht falsch sind).

Woher kommt plötzlich dieser Umschwung vom positivem Affekt in negativen Affekt, sobald sich herausstellt, dass die Synchronie absichtlich herbeigeführt wurde? Aus der Evolutionsperspektive ist das nicht sehr erstaunlich, denn alles, was wichtig ist und einen Vorteil erwarten lässt, wird irgendwann auch nachgeahmt, imitiert und abgekupfert. Und darauf reagiert man verständlicherweise mit negativem Affekt. Man kann also schlussfolgern, dass Synchronie, biologisch gesehen, ein bedeutsames und echtes Signal darstellt, wenn dessen «Fälschung» durch Imitation zu solch deutlichen Verstimmungen führt. Die folgende Abbildung zeigt Imitation und Mimikry im Tierreich am Beispiel von zwei in derselben Region in

Florida auftretenden Schlangenarten. Es ist nicht bekannt, wie die giftige Otter (links) reagiert, wenn sie ihrer Nachahmerin (rechts) begegnet.

Man kann den negativen Affekt, der bei der Fälschung von ehrlich gemeinten Synchronie-Signalen auftritt, in der Psychologie der Kommunikation auch umkehren und netter interpretieren: nämlich als **Lob der Echtheit**. Echtheit, auch Authentizität genannt, wird seit der humanistischen Psychotherapietradition als ein wichtiger Wirkfaktor von Psychotherapie – und auch von jeder anderen Kommunikationsform – angesehen. Echtheit treffen wir nun auch in Zusammenhang mit Synchronie an. Die unbewusste und spontane Einschätzung von Synchronie in der EC als gut und vertrauensvoll schlägt also um in eine ebenso spontane Einschätzung als schlecht und verdächtig, wenn die Synchronie nur imitiert und mithin unecht und willentlich «gemacht» ist. Das hat wieder Konsequenzen für die Praxis, die daraufhin deuten, dass es falsch ankommt, wenn ich die sich entwickelnde Kommunikation durch zu viel Manipulation zu kontrollieren versuche. Wieder treffen wir also auf die schon oben beschriebene Illusion, Kommunikation kontrollieren zu können.

Wenn wir konsequent die Idee der EC in die Praxis umsetzen, sollte sich dies auch an den Begriffen zeigen. Eine Kommunikation, deren Basis die Synchronie ist, geschieht nicht mehr zwischen

Das Gift der Korallenotter (Micrurus fulvius, links; © dreamstime) ist tödlich. Die rote Königsnatter (Lampropeltis triangulum elapsoides, rechts) ist völlig harmlos, aber sehr talentiert im Imitieren der giftigen Signalsprache der Otter.

«Sender» und «Empfänger», sondern entsteht zwischen beteiligten Personen (BP). Damit wollen wir deutlich machen, dass die Personen Teile eines Kommunikationssystems sind. BPs sind immer in verschiedenen Rollen zugleich aktiv, wobei sie das System gemeinsam erzeugen und aushandeln, um es dann aufrechtzuerhalten und zu nutzen.

3. Kapitel: Wenn negative Affekte auftauchen

Alle beteiligten Personen freuen sich an einer Interaktion, die gut synchronisiert verläuft. Wir alle kommunizieren die meiste Zeit unseres normalen Alltags in diesem Modus. Gut synchronisiert zu sein ist oft so selbstverständlich, dass uns gar nicht auffällt, wie gut eine Interaktion gerade läuft. Was jedoch sofort auffällt, sind die Situationen, in denen eine Interaktion nicht klappt.

Der Ehemann presst für sich einen frischen Orangensaft und vergisst schon zum x-ten Mal seine Frau zu fragen, ob sie auch ein Glas möchte. Die jugendliche Tochter schlurft griesgrämig zum Frühstückstisch, ohne die Anwesenden zu grüßen. Der Kollege hat schon wieder «vergessen», mich in seiner E-Mail an die Chefin ins cc zu setzen. Die Freundin kommt 30 Minuten zu spät, das Konzert hat schon begonnen, und man muss sich peinlich durch die Reihen in den nummerierten Platz in der Mitte quetschen.

In solchen Situationen geschieht etwas, das spezieller Aufmerksamkeit bedarf: Negativer Affekt entsteht. Negativer Affekt ist zunächst rein «embodied» zu spüren, er bedarf keiner sprachlichen Benennung. Ob man sich in einem späteren Schritt, nach einer gründlichen Reflexion, dafür entscheidet, ihn mit Worten wie «Scham», «Enttäuschung», «Wut», «Ärger» oder «Verletztheit» zu bezeichnen, ist in der ersten Phase, in der man einfach nur eine negative Affektlage bei sich beobachten kann, noch ohne Belang. Im Rahmen des Modells der Embodied Communication beinhalten die allerersten bemerkbaren Basisaffekte weichenstellende Informationen.

Wir empfehlen, beim Auftauchen von negativen Affekten eine Affektbilanz anzufertigen – ganz ohne Worte. Benötigt wird nur eine Einschätzung der Intensität des negativen Affekts.

Wie die Abbildung zeigt, lässt sich die Skala für negativen Affekt in drei Bereiche unterteilen, die jeweils ein Drittel der Gesamtskala ausmachen: schwache negative Affekte im unteren Bereich, mitt-

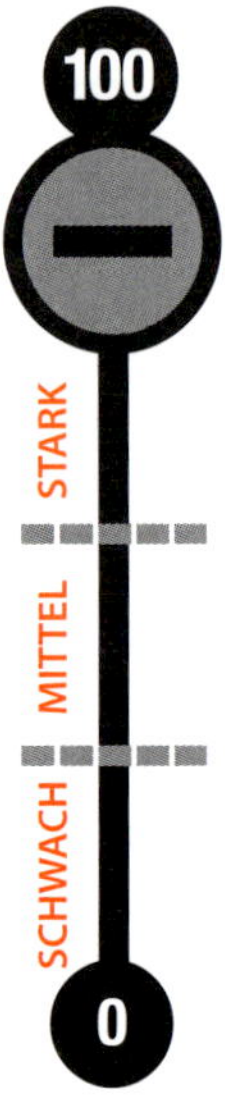

lere negative Affekt im mittleren Drittel und starke negative Affekt im oberen Drittel. Für jedes Drittel empfehlen wir eine unterschiedliche Vorgehensweise, die im folgenden Text detailliert anhand von Beispielen besprochen und begründet wird. Unsere Darstellung beginnt mit dem unteren Drittel, den schwachen negativen Affekten.

Schwache negative Affekte

Für den Bereich der schwachen negativen Affekte haben wir eine Empfehlung, die vermutlich ungewöhnlich klingt. Wir raten nämlich dazu, Anlässe für schwache negative Affekte einfach zu ignorieren. Wie kommen wir auf diese Idee? Die selbst auferlegte Aufgabe, in den Prozess der sogenannten Metakommunikation einzusteigen, das heißt, über die Kommunikation zu kommunizieren, ist ein wirklich schwieriges Unterfangen. «Du, da müssen wir mal drüber reden!», «Lass uns darüber sprechen!», «Wann hast du Zeit, ich möchte etwas mit dir besprechen?» Solche Sätze sind zwar einfach gesagt – die Umsetzung dieser Ankündigungen ist jedoch alles andere als einfach, und der Erfolg ist auch keineswegs garantiert.

Uns ist bewusst, dass in der Psychologie, in der Psychotherapie und generell im beraterischen Kontext die Meinung kursiert, die im Vorgang des «Darübersprechens» ein Allheilmittel dafür sieht, Beziehungen zu verbessern und generell Probleme zu lösen. Wir teilen diese Meinung in dieser Pauschalität nicht; mehr noch, wir ziehen sie massiv in Zweifel. Insbesondere ziehen wir in Zweifel, dass es für die Zufriedenheit mehrerer beteiligter Personen förderlich ist, über jede kleine Laus, die jemandem über die Leber läuft, sofort zu sprechen. Studien aus der Positiven Psychologie (Frederickson, 2013) haben Hinweise dafür erbracht, dass für ein förderliches Klima, egal ob am Arbeitsplatz oder im Privatleben, positiv-affektive Äußerungen deutlich gegenüber negativ-affektiven Äußerungen überwiegen müssen. Über das genaue Verhältnis von positiv zu negativ wird zwar unter statistischer Perspektive debattiert (Brown et al., 2013), für unsere Praxiszwecke genügt jedoch völlig, uns an der Grundaussage dieser Ergebnisse zu orientieren: Wenn Sie es hinkriegen, mehr positive als negative Äußerungen von sich zu geben, dann erhöhen Sie die Wahrscheinlichkeit, dass Ihre Kollegen sich in Ihrer Nähe wohlfühlen, dass Ihre Kinder Sie nicht meiden, sondern Ihre Nähe suchen und dass für Ihre Beziehung ein guter, fruchtbarer Boden bereitet ist. Als Faustregel kann gelten, dass auf eine negativ-affektive Äußerung mindestens drei positiv-affektive Bemerkungen folgen sollten.

Hand aufs Herz, liebe Leserin, lieber Leser: Wenn jemand zu Ihnen sagt: «Du, wir müssen reden!», wie ist dann ihre Affektbilanz? Freuen Sie sich auf den erwarteten Dialog, oder haben Sie mulmige Gefühle? Nach unserer Erfahrung entwickeln die meisten Menschen nach einer solchen Ansage sofort ungute Gefühle. Zumeist musste sich sogar die Person selbst, die diesen Satz ausspricht, zu dieser Ankündigung zwingen.

Mit der Metakommunikation ist es wie mit Digitalis, dem pharmazeutischen Wirkstoff des Fingerhuts. In der richtigen Dosis kann Digitalis bei Herzbeschwerden helfen. Eine Überdosis kann tödlich sein. Metakommunikation empfehlen wir bei starken negativen Affekten, im entsprechenden Kapitel erklären wir auch, wie wir uns das vorstellen. Bei schwachen negativen Affekten empfehlen wir dringend, zu sich selber zu sagen «Schwamm drüber!» und den Vorfall nicht weiter zu beachten.

«Das ist für mich jetzt wirklich aufschlussreich», sagt Marianne, Ehefrau und Mutter von zwei Kindern. «Ich habe bisher immer gedacht, ich müsste bereits die Kleinigkeiten im Keim ersticken, um ein unerwünschtes Verhalten nicht ausufern zu lassen. So nach dem Motto: Wehret den Anfängen! Unter dem Aspekt der dadurch von mir ausgelösten Affekte kommt aber lediglich ein dauerndes Gemeckere von mir rüber. ‹Nimm die Schuhe da runter, lass das liegen, biete deinem Bruder auch einen Schluck an, lass das, mach dies, mach das, sofort, nicht jetzt, schon wieder.› Und so weiter. Meine Rolle in unserer Familie ist die eines Polizeihundes, so komme ich mir manchmal vor. Und wenn ich ehrlich bin, dann habe ich mir diese Rolle selber gewählt, da hat mich niemand dazu gezwungen.»

Wie würde Marianne bei sich selbst das Verhältnis von negativaffektiven Äußerungen zu positiv-affektiven Äußerungen einschätzen?

«Mensch, da fragen Sie mich was! Also wenn ich ehrlich bin, die Tatsache, dass ich darauf achten muss, auch positive Äußerungen von mir zu geben, war mir bisher in dieser Klarheit nicht bekannt. Von daher muss ich zugeben, dass man bei mir Aussagen mit positivem Affekt mit der Lupe suchen muss. Da muss ich mich gewaltig umstellen.»

Marianne hat in der Tat einen großen Handlungsbedarf, aber Vorsicht! Menschen, die es gar nicht gewohnt sind, positiv-affektiv getönte Äußerungen zu kommunizieren, sollten sachte beginnen. So eine Nettigkeit will nämlich gut platziert sein. Sie muss authentisch sein, und der Zeitpunkt muss stimmen. Sonst wird sie vom Gegenüber schnell als Alibiübung enttarnt, und die Quittung folgt in Form eines sarkastischen Spruchs: «Verschon mich mit deinem Psychozeug, werde lieber wieder normal.»

Für den Anfang ist es darum deutlich einfacher, sich Äußerungen, die schwache negative Affekte betreffen, einfach zu verkneifen. Die Zahnpasta-Tube ist nicht zugeschraubt? Affektbilanz von minus 20? Schwamm drüber. Die Hundeleine liegt auf der Waschmaschine und hängt nicht auf dem dafür vorgesehenen Haken? Minus 15? Nicht der Rede wert. Kein Wort wird verloren über den vollen Mülleimer im Wert von minus 25, genauso wenig wie über die unleserlich geschriebene Einkaufsliste, die einer minus 10 entspricht.

«Okay, das macht Sinn», nickt Marianne. «Aber eine Frage habe ich doch noch. Die Sache mit dem Mülleimer ist ein gutes Beispiel. Da variiert meine Affektbilanz nämlich. An manchen Tagen liegt die bei minus 25, an anderen Tagen kann das aber auch durchaus auf minus 35 steigen. Wenn es ganz dicke kommt, hat der Mülleimer auch das Potenzial für eine fette minus 60. Was mache ich denn dann?»

Zunächst einmal kann Marianne sich für ihre gute Selbstbeobachtung schon einmal ein Eigenlob spenden. Auf diese Art übt sie auch gleich das Erzeugen von positiven Affekten. Und außerdem ist ihre Frage sehr wichtig. Denn für die Einteilung der negativen Affekte in die Drittel der Minusskala gilt natürlich, dass diese Einteilung nicht in Stein gemeißelt ist. Wenn ich bei mir angesichts einer bestimmten Handlung oder einer bestimmten Äußerung feststellen kann, dass sich meine Affektbilanz ändert, dann ändern sich auch meine Maßnahmen. Menschen sind lebendige Wesen, und eines der wichtigsten Kennzeichen von Leben ist Wechsel. Die Drittel-Regel dient als Orientierungshilfe, nicht mehr, aber auch nicht weniger. Mit der Einteilung der eigenen negativen Affekte in die drei Drittel der Minusskala unterschreibt man keinen Vertrag auf Ewigkeit. Man orientiert sich an der Einteilung, so lange sie zutrifft. Wenn sich die Einteilung ändert, ändern sich auch die Maßnahmen. Damit betreten wir den Bereich der mittleren negativen Affekte und nehmen den ungeleerten Mülleimer von Marianne gleich mit hinüber.

Mittlere negative Affekte

Wenn der eigene negative Affekt den Bereich zwischen minus 33 und minus 66 erreicht, muss man etwas unternehmen. Der negative Affekt ist dann zu stark, um ihn zu ignorieren. Allerdings raten wir auch in den Fällen eines mittleren negativen Affekts nicht dazu, mit dem Gegenüber in einen Prozess der Metakommunikation einzutreten. Stattdessen raten wir, nach Lösungen zu suchen, die mit eigenem Selbstmanagement zu bewerkstelligen sind. Erneut weisen wir darauf hin, dass Metakommunikation extrem aufwändig, erschöpfend und nur mit Einschränkungen erfolgsversprechend ist. Die Strategie «Lass uns drüber reden» wurde unserer Meinung nach bezüglich ihres Problemlösungspotentials in den letzten 30 Jahren völlig überschätzt.

Wenn etwas mittelstark nervt, dann suche selbst nach einem Ausweg – das ist die Vorgehensweise, die wir empfehlen. Wie hat man sich die konkrete Suche nach einer Lösung vorzustellen, die dem eigenen Selbstmanagement möglich ist? Nehmen wir als Beispiel den vollen Mülleimer von Marianne. Obwohl es das offizielle Amt ihres ältesten Sohnes (14) ist, den Mülleimer im Auge zu haben und bei Bedarf zu entleeren sowie denselben mit einer neuen, leeren Mülltüte zu bestücken, kann Marianne sich nicht darauf verlassen, dass es zuverlässig geschieht.

An manchen Tagen macht ihr der Anblick des vollen Mülleimers nur wenig aus, an anderen Tagen nervt es sie deutlich. «Reden kann ich da mit meinem Herrn Sohn sowieso nicht, weil er meistens gerade in solch einem Augenblick nicht daheim ist», berichtet Marianne. «Ich hocke dann da mit meinem Ärger von minus 60, bringe den Müll selber runter und bin am Schluss noch wütend auf mich selbst, weil ich so dusselig bin und ihm auch noch die Arbeit abnehme.»

Das ist eine sehr anschauliche Schilderung von Marianne, die man unmittelbar nachvollziehen kann. Zusammen mit Marianne suchen wir nun nach möglichen Aktivitäten ihrerseits, die ihr dabei helfen, ihren eigenen negativen Affekt zu vermindern. Was muss passieren, damit Marianne von ihrer minus 60 herunterkommt?

«Also, es muss irgendetwas sein, das mit Rache zu tun hat», sinniert sie. «Das würde mir helfen, mich besser zu fühlen, würde mir sogar einen Affekt im Plusbereich bescheren, wenn ich mir vorstelle, wie er blöd aus der Wäsche schaut und wie er sich selber ärgert. Wenn man so will, möchte ich den Ärger, den er mir verursacht, einfach weiterreichen an seine Quelle. Verstehen Sie mich bitte richtig, ich liebe meinen Sohn, er ist ein Prachtkerl, aber die Schludrigkeit mit diesem Mülleimer, das ist mir ein echter Dorn im Auge. Besonders, wenn ich anfangen will zu kochen und dann feststelle, dass ich erst mal den Mülleimer leeren muss, bevor ich Kartoffeln schälen kann.»

Okay, das ist doch schon einmal eine sehr brauchbare Erkenntnis. Wodurch könnte man denn Ärger im Sohn auslösen?

«Haha, ich könnte das Passwort am Computer ändern!», lacht Marianne laut heraus. «Der Mülleimer ist voll? Prima, sofort an den Computer und das Passwort geändert. Dann kommt er so sicher wie das Amen in der Kirche angelaufen und will von mir das Passwort wissen. Dann muss ich nur mit meinem Zeigefinger winken, wie die Hexe aus Hänsel und Gretel, und ihn in die Küche führen, wo selbst er den vollen Mülleimer sehen muss. Ich brauche kein Wort zu sprechen. Das nenne ich wahrhaft Embodied Communication!»

Das ist schon einmal eine ganz fabelhafte Idee! Wir schlagen Marianne vor, für ihre Situation «Mülleimer nicht entleert» ein sogenanntes Wunderrad auszufüllen (Storch & Kuhl, 2013). Im Wunderrad werden fünf mögliche Verhaltensweisen geplant, die als Handlungsoptionen für eine bestimmte problematische Situation in Betracht kommen. Sobald man mehr als drei Optionen hat, kann das Selbst aktiv werden, ein Funktionssystem der menschlichen Psyche, das mit paralleler Informationsverarbeitung situationsadäquat passende Verhaltensweisen aussucht (Kuhl, 2010;

Storch & Kuhl, 2013). Marianne muss für ihr Selbstmanagement nur in einem ruhigen Moment ein Wunderrad ausfüllen. Die Wahl der Optionen wird dann an das unbewusst arbeitende Selbst delegiert, Marianne muss keine bewusste Aufmerksamkeit mehr aufbringen. Auf diese Weise kann sie situativ angemessen und vor allem *schnell* in einer erwünschten Form agieren.

Das Wunderrad

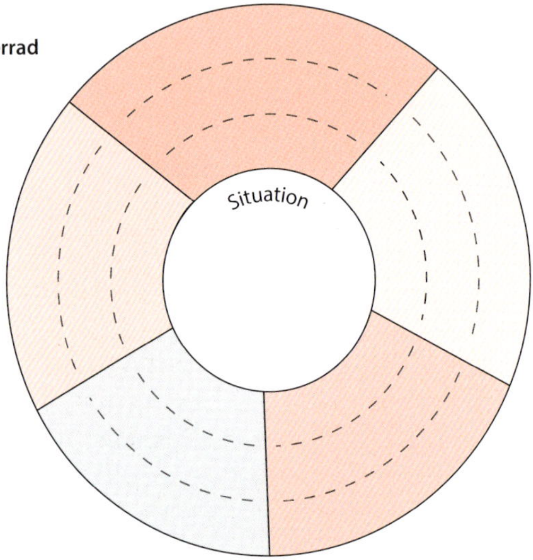

Welche Möglichkeiten hat Marianne noch, selbst aktiv zu werden?

«Ich könnte auch einfach gar nichts kochen. Wieso soll ich das denn immer auf mich nehmen, den anderen die Fehler auszubügeln? Wenn der Mülleimer voll ist, kann ich leider nicht arbeiten. Kochen kann ich erst, wenn die Umgebung entsprechend vorbereitet ist, basta. Und wenn dann die anderen kommen und Hunger haben, dann zeige ich auf den Mülleimer und sage bedauernd, dass ich nicht kochen konnte, weil der Mülleimer so aussieht, wie er aussieht. Dann kriegt mein Herr Sohn den Druck mal von den anderen und nicht immer nur von mir. Super!!!!»

Marianne lacht diabolisch, und man kann ihr richtig ansehen, wie die Lebensgeister in ihr erwachen.

«Und dann könnte ich den vollen Mülleimer natürlich auch einfach in sein Zimmer stellen. Da findet er ihn bestimmt.»

Prima, drei Optionen haben wir schon. Gibt es noch zwei weitere?

«Wenn er im Haus ist, gibt es natürlich immer auch die Option, ihn zu rufen und einfach zu sagen ‹Trag den Mülleimer runter›, das sollten wir auch nicht vergessen. Und die Option, dass ich es halt selber schnell mache, die würde ich auch gern ins Wunderrad tun, ich bin ja selber auch nicht jeden Tag auf Krawall gebürstet. Ich hab jetzt mit meinem Wunderrad verschiedene Varianten für verschiedene Umgebungsbedingungen und auch für verschiedene Befindlichkeiten meinerseits. Diese Flexibilität gefällt mir sehr gut, und ich habe auf jeden Fall das Gefühl, dass ich jetzt diese blöde Situation besser im Griff habe. Wissen Sie, bei Jugendlichen hilft das ‹Lass uns darüber reden› sowieso selten. Wenn ich meinem Sohn mit diesem Satz komme, schaltet der sofort auf Durchzug und fällt in tiefe Trance. Er hört reineweg NICHTS von dem, was ich ihm im Rahmen eines solchen Gesprächs mitteile, und Effekte in meinem Sinne habe ich nur höchst selten zu verzeichnen. Mit den Wunderradvarianten fühle ich mich jetzt auf jeden Fall besser ausgerüstet als vorher.»

Das Wunderrad von Marianne

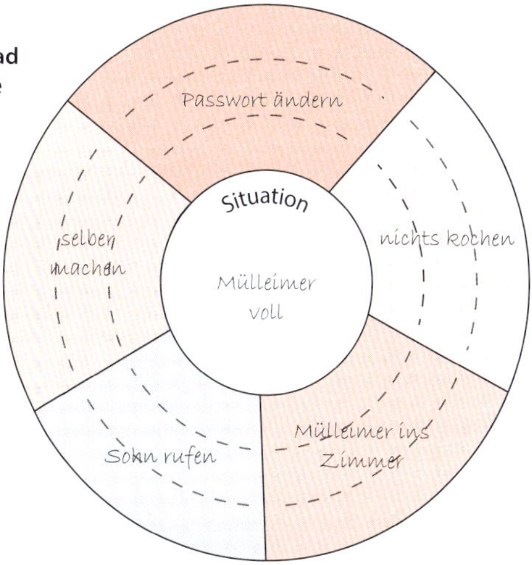

«Nun habe ich aber noch eine letzte Frage», meldet sich Marianne. «Einmal angenommen, es kommt über mich, und ich möchte mit meinem Sohn doch einmal in einer ruhigen Minute ‹darüber reden›. Wissen Sie, manchmal gibt es so Momente zwischen uns, da sind wir beide in guter Stimmung, und da habe ich das Gefühl, dass ich Probleme, die wir miteinander haben, gut ansprechen kann. Das ist bei meinem Mann übrigens genauso; auch mit ihm habe ich diese ‹special moments of peace›. Da kann ich aber schon versuchen, über ein Problem zu sprechen, oder ist das immer unsinnig nach Ihrer Theorie?»

Das ist eine gute Frage von Marianne. In einem solch guten Moment die Gelegenheit beim Schopf zu packen und über wichtige Themen zu sprechen ist auf jeden Fall immer empfehlenswert. Von der Systematik her gehört dieser Situationstyp allerdings nicht in das Kapitel *negative Affekte*, sondern zur Thematik *Wenn die Kommunikation gut läuft*. Die Ausgangssituation ist in solch einem glücklichen Moment eine ganz andere. Beide beteiligten Personen sind gut aufeinander eingestimmt und gut synchronisiert, sonst hätte Marianne nicht das Gefühl vom «guten Moment». Typisches Beispiel für solche guten Momente sind der Absacker-Cocktail, den das Paar in einer ruhigen Bar nach einem Konzertbesuch trinkt. Der Döner, den man mit dem Sohn zusammen an der Bude verdrückt, nachdem man ihn vom Eishockeytraining abgeholt hat. Die Stimmung, die sich einstellt, wenn Tochter und Mutter sich gegenseitig die Fingernägel mit phantasievollen Mustern lackieren oder wenn sie zusammen auf dem Sofa kuscheln und Musik hören. In diesen Momenten, in denen Synchronie herrscht, sind die Voraussetzungen ganz prima, dass sich beide beteiligten Personen auch bei problematischen Themen aufeinander einschwingen können und darum Zugang bekommen zur Welt des Gegenübers.

Wir raten aber dringend davon ab, in einer von negativen Affekten dominierten Stimmung auf eine gute Lösung zu hoffen. Ganz besonders gilt das, wenn starke negative Affekte im Spiel sind.

Starke negative Affekte

Der Umgang mit starken negativen Affekten ist richtig harte Arbeit. Der Vorgang erfordert volle Aufmerksamkeit auf das Gegenüber, und das ist sehr schnell sehr erschöpfend. Eine beteiligte Person (BP1), die im Sinn hat, mit einem Gegenüber ernsthaft starke negative Affekte zu besprechen, muss darauf gefasst sein, dass sie über unbewusst ablaufende Synchronie-Prozesse von den negativen Affekten der anderen beteiligten Person (BP2) angesteckt wird. Deswegen muss BP1 – neben der Konzentration auf das, was sie selber sagt – auch die eigene Affektregulation im Auge behalten. Sie muss außerdem beobachten, wie BP2 interagiert, und sie sollte offen sein für die Wahrnehmungsinhalte, die BP2 mitzuteilen versucht. All das ist einfach nur anstrengend und mühselig. Trotzdem bleibt bei starken negativen Affekten keine andere Möglichkeit, Probleme zu bereinigen, wenn man – aus welchen Gründen auch immer – mit BP2 eine Lösung anstrebt.

Ein anschaulicher Hinweis darauf, wie anstrengend es ist, mit starken negativen Affekten umzugehen, ist ersichtlich aus der Tatsache, dass diese Tätigkeit bei Profis eingekauft werden kann. Ob Psychotherapeuten, Coaches, Beraterinnen, Sozialpädagogen oder Pfarrer und Pfarrerinnen: All diese Berufsgruppen beschäftigen sich während eines wesentlichen Teils ihrer Tätigkeit damit, Menschen, die von starken negativen Affekten geplagt sind, gegen Geld ihr professionelles Ohr zu leihen, sich auf sie einzuschwingen, in ihnen ein Stimmigkeitsgefühl hervorzurufen und im besten Fall sogar den Weg zu einer Lösung zu zeigen. Warum werden Menschen dafür bezahlt, so etwas zu tun? Weil diese Dienstleistung kostenlos nur, in begrenztem Maße, im Kreis der Freunde oder der Familie zu haben ist. Weshalb gehen denn Menschen in der Regel mit ihrer Bereitschaft, ihr Ohr ernsthaft zu leihen, genauso geizig um wie mit der Bereitschaft, beim Umzug zu helfen? Eben: Weil es wirklich anstrengend ist. Darum ist das geliehene Ohr (und die Hilfe beim Umzug) auch ein Erkennungsmerkmal der wenigen richtig guten Freunde, die man in seinem sozialen Netzwerk hat.

Wir veranschaulichen uns im folgenden die Vorgänge, die bei der Kommunikation zwischen zwei Personen ablaufen, wenn starke negative Affekte im Spiel sind, anhand einer Pizza.

Pizzawerfen

Negative Affekte können bei einer Interaktion grundsätzlich an drei Zeitpunkten entstehen:

(1) Beim Gedanken an eine Interaktion, die in der Zukunft liegt
(2) Während einer Interaktion
(3) Nach einer abgeschlossenen Interaktion, sozusagen als Nachlese oder als Spätzündung.

Was geschieht aus der Sicht des EC-Modells, wenn negative Affekte auftauchen? Gedächtnisinhalte sind in Form von Netzwerken gespeichert, die in der Regel multicodiert sind, das heißt, sie sind auf allen Sinneskanälen mit Erinnerungen verknüpft. Es existieren Erinnerungen an Gerochenes, Gehörtes, Geschmecktes, Gesehenes, an Körperempfindungen wie Herzrasen oder Druck auf der Brust. Diese Erinnerungen sind nicht als Einzelteilchen abgekapselt im psychischen System aufbewahrt, sondern sind in Form von assoziativen Netzwerken miteinander verbunden. Der Geruch von Gänsebraten kann darum gleichzeitig eine Erinnerung an die geliebte Großmutter aufrufen (die an Weihnachten immer für den Gänsebraten zuständig war) und eine Erinnerung an einen Film über die Qualen des Gänsestopfens im Zuge der Herstellung von Gänsestopfleber. Durch einen einzigen Reiz kann ein ganzes Netzwerk aktiviert werden. Einmal in Gang hält das Netzwerk nicht an, um in Ruhe betrachtet werden zu können, wie eine Homepage im Internet stehen bleibt, nachdem wir sie aufgerufen haben. In der menschlichen Psyche verlaufen die Prozesse der fortlaufenden Mustererkennung durch automatische Musterergänzung, die wir im Kapitel 1, das vom theoretischen Rucksack handelt, schon besprochen haben. Wir haben dort ebenfalls darüber gesprochen, dass jede Erinnerung und jede Gedächtnisspur mit einer somatoaffektiven Bewertung verknüpft ist, die rein positiv, rein negativ oder gemischt ausfallen kann und mit Hilfe der Affektbilanz dargestellt wird.

Die Prozesse der Aktivierung und Bewertung verlaufen unbewusst, außerhalb unserer bewussten Kontrolle. Auch dieses Wissen befindet sich schon in unserem theoretischen Rucksack. Oft bekommen wir von der Netzwerkaktivierung und den dadurch ausgelösten Bewertungen in unserer Psyche selbst gar nichts mit. Wir werden vielleicht erst dann darauf aufmerksam, dass negative Affekte in uns entstanden sind, wenn ein Gegenüber uns darauf anspricht: «Sag mal, du siehst auf einmal so griesgrämig aus, stimmt irgendwas nicht?» Dann kann es sein, dass unsere Aufmerksamkeit erwacht, wir wie aus einer Trance auftauchen und uns in der Tat, nach einigem Nachdenken, selbst auffällt, dass die Großspurigkeit, mit der Vetter Erwin seit 20 Minuten von seinem Bauvorhaben erzählt, ziemlich auf die Nerven geht, dass wir keine Lust mehr haben, noch länger auf den unbequemen Stühlen am Tisch im Gasthaus sitzen zu bleiben und dass der Hund von Tante Hertha unerträglich pupst, weil er vom kleinen Merlin unter dem Tisch mit Kartoffelsalat gefüttert wurde.

Für den Umgang mit starken negativen Affekten ist es besonders wichtig, sich die Perspektive der Embodied Communication klarzumachen. Immer dann, wenn wir bei einer bestimmten Thematik und damit einhergehenden starken negativen Affekten besonders leiden, ist nämlich davon auszugehen, dass ein *ausgedehntes Netzwerk* aktiviert wurde, das nicht aus einer einzigen Komponente besteht, sondern aus einer Vielzahl von Assoziationen. In der Speicherung von psychischen Inhalten in Form von Netzwerken liegt in solchen Situationen auch das Kommunikationsproblem. Es ist keineswegs nur ein einzelner Inhalt, den ich meinem Gegenüber in Form einer Botschaft zuwerfen kann und den er dann durch aktives Zuhören und eifriges Paraphrasieren «verstehen» kann.

Aus Sicht der Embodied Communication sieht es in solchen Situationen im psychischen System eher aus wie auf einer Pizza: Viele Komponenten verursachen ein allgemeines Durcheinander. In einem solchen Chaos ist keinesfalls so etwas wie eine Liste von kodierten Informationen zu entdecken, die korrekt mitteilbar sind und weitergeleitet werden könnten, ebenso wenig so etwas wie die Aufzählung von Werten und angemessenen Emotionsworten. Man findet dort keine Sachebene, keine Appellebene, keine Beziehungsebene und keine Selbstoffenbarungsebene. Die Ordnung von psychischen Inhalten nach Werten, Emotionsworten oder nach Ebenen der Kommunikation ist Verstandeswerk, das durchaus hilfreich sein kann. All diese verstandesgesteuerten Ordnungsbemühungen haben jedoch eines gemeinsam: Sie gehören nicht zur körperlichen Ebene. Sie geben zudem nicht wieder, wie psychische Inhalte gespeichert sind. Im psychischen System sieht es eher so aus wie auf der abgebildeten Pizza: viele Komponenten, ein großes Durcheinander, und alles hängt irgendwie mit allem zusammen. Einiges liegt über dem Käse (und kann darum bewusst wahrgenommen werden), das meiste liegt unter dem Käse und ist gar nicht sichtbar, weder für denjenigen, der die Pizza zu verspeisen gedenkt, noch für sein Gegenüber. Es ist darum momentan unbewusst.

Wir wollen im Folgenden bei der Pizza-Metapher bleiben. Sie hat sich in vielen Versuchen, das EC-Modell und dessen Folgen für den Umgang mit negativen Affekten zu erklären, als gut verstehbar und nützlich erwiesen.

Taucht ein negativer Affekt auf, ob er seinen Anlass in der Zukunft, der Gegenwart oder der Vergangenheit hat, äußert er sich zunächst in Pizzaform. Das heißt, der Mensch, dem der negative Affekt «gehört», kann eine sehr diffus und allgemein gehaltene negative Bewertung wahrnehmen, und zwar als Körperempfindung und/oder als Affekt. Kennzeichen dieser allgemeinen Bewertung sind zwei Komponenten: erstens, dass diese Bewertung noch nicht in Sprache gefasst vorliegt. Zweitens stellt sie eine Art summarische Einheitswährung (Thelen, 2003) der Bewertungen der vielen verschiedenen Inhalte des assoziativen Netzwerks dar, das mit der betreffenden Interaktion verbunden ist.

Ein Beispiel soll die Idee der Einheitswährung verdeutlichen. Ein Apotheker, nennen wir ihn Jochen, hat in der Lebensmitte beschlossen, Kunstgeschichte zu studieren. Er hat als junger Mensch schon großes Interesse an Kunstgeschichte gehabt, wurde jedoch von seinen Eltern «überredet», die seit drei Generationen in Familienbesitz befindliche Apotheke zu übernehmen. Mit 45 Jahren sieht Jochen nun eine Chance, die Apotheke an einen Freund zu verkaufen und selbst nur noch halbtags zu arbeiten – angestellt, nicht mehr mit Führungsverantwortung. Die verbleibende Zeit möchte er nutzen, um Kunstgeschichte zu studieren, ein Desideratum, das ihn schon mehr als sein halbes Leben begleitet.

Innerhalb seiner ersten zwei Studiensemester geschieht einiges: Seine 16-jährige Tochter wird wegen Komatrinkens zweimal ins Krankenhaus eingeliefert; der Freund, der die Apotheke kaufen wollte, springt ab; seine Frau äußert zunehmend Unzufriedenheit mit ihrer Ehe, die in ihren Augen ihre Autonomie einschränkt; und Jochen fällt durch die erste Klausur. All diese Gegebenheiten bekommt Jochen zwar bewusst mit, sie sind ihm jedoch nicht bewusst präsent, als er mit seinem Freund Klaus telefoniert, mit dem zusammen er einen mittelalterlichen Erlebnisabend durchführen möchte. Er hat verabredungsgemäß einen Programmentwurf zusammengestellt, den er Klaus gemailt hat. Nun telefonieren sie, um zu besprechen, ob man auf der Basis dieses Entwurfs weiter planen kann. Klaus teilt ihm freundlich, aber deutlich mit, dass er den Entwurf erstens zu teuer und zweitens zu unstrukturiert findet und dass es sich in seinen Augen damit nicht weiter arbeiten lässt.

In diesem Moment fühlt Jochen einen starken negativen Affekt. Auf die Einwände von Klaus reagiert er mit der Äußerung: «Wenn du so genaue Vorstellungen hast, warum lässt du mich erst die ganze Arbeit machen, um mich dann ins Messer laufen zu lassen?»

Klaus reagiert ebenfalls mit negativem Affekt (wir erinnern uns an die Synchronie-Prozesse aus dem theoretischen Rucksack) und fragt zurück: «Und warum reagierst du so empfindlich auf Kritik? Wenn wir zusammen arbeiten wollen, dann musst du es schon wegstecken können, wenn die Dinge mal nicht so laufen, wie du es möchtest.»

Ein Wort ergibt das andere, und innerhalb weniger Sekunden befinden sich beide in einem handfesten Streit über Besserwisserei, Mimosenhaftigkeit, Oberlehrerdünkel und mangelnde Lernbereitschaft. Das Telefonat wird dann in beiderseitigem Einverständnis abgebrochen, weil beide intuitiv spüren, dass hier etwas gewaltig schiefläuft.

Was ist hier aus der Sicht des EC-Modells geschehen? Die Zurückweisung von Jochens Entwurf hat in seinem psychischen System ein assoziatives Netzwerk aktiviert, das sich aus vielen Einzelelementen zusammensetzt und als bewertende Einheitswährung einen starken negativen Affekt aufweist. Die affektive Bewertung, die Jochen bei sich bemerken kann, erscheint bei ihm jedoch nicht säuberlich geordnet nach spezifischen Emotionsworten, Werteskalen und Botschaftsebenen. Er erlebt innerhalb weniger Millisekunden einfach sehr körperlich einen deutlichen Stimmungsumschwung ins Negative. Dieser Stimmungsumschwung verursacht unmittelbar und ohne, dass er lange darüber reflektiert hätte, sein Verhalten.

Um in der Pizza-Metapher zu bleiben: Vor ihm steht eine Pizza mit viel klebrigem Käse, die er Klaus ins Gesicht klatscht.

Das Gegenüber reagiert synchron und wirft mit seiner Pizza zurück, was erneuten Pizzawurf zur Folge hat. Kennzeichen dieser Art von Interaktion ist, dass der Wechsel zwischen BP1 und BP2 in rasender Geschwindigkeit vor sich geht. Der Verstand hat hier keine Chance einzugreifen, die Kommunikation ist völlig «embodied». Irgendwann sehen BP1 und BP2 beide reichlich zugemüllt aus.

Das ist dann meistens der Punkt, an dem einer der beiden BPs aus purer Erschöpfung das Pizzawerfen unterbricht und den Vorschlag macht: «Lass uns morgen noch einmal drüber sprechen.» Ist Alkohol im Spiel, kann es sein, dass das Pizzawerfen erst dann ein Ende hat, wenn es zu körperlichen Attacken kommt. Eine Freundin von mir hat kürzlich ihren Mann nach dessen Krampfadern-OP im Krankenhaus besucht. Sie erzählte mir, dass bei ihm auf dem Zimmer ein Mann liege, dessen Frau ihm während eines Streits unter Alkoholeinfluss ein Obstmesser in den Bauch gerammt hatte. Es tat ihr, als sie wieder nüchtern war, extrem leid, der Lebensgefährte hat ihr wohl noch auf der Intensivstation – nachdem er nach der Not-OP aus der Narkose erwacht war – unter Tränen verziehen.

Als Faustregel für die Disziplin Pizzawerfen gilt: So schnell wie möglich stoppen!

Pizzawerfen führt zu keinem konstruktiven Ergebnis, sondern nur in ein großes Schlamassel. Die Aufräumarbeiten nach einer Pizzaschlacht sind enorm aufwändig, denn viel kräftiger Käse klebt überall und haftet lange.

Wenn positive Affekte embodied die Interaktion bestimmen, entsteht Flow, und alle BPs haben das Gefühl gegenseitigen Verstehens. Diese Art der spontanen, schnellen, vom unbewussten Selbst regulierten Interaktion ist erfüllend für alle Beteiligten und kann gar nicht lange genug dauern. Wenn hingegen negativer Affekt embodied die Interaktion bestimmt, kommt es zum Pizzawerfen. Darum muss in diesem Fall der Prozess gestoppt werden. Wohlgemerkt: Wenn es zwischen zwei oder mehreren BPs zum Pizzawerfen kommt, muss das keine Katastrophe sein. Meistens lassen sich die Hinterlassenschaften wieder wegräumen. Allen Beteiligten muss jedoch klar sein, dass durch Pizzawerfen keine Lösung gefunden wird – niemals. Was man tun kann, wenn man eine Pizza, belegt mit starken negativen Affekten, vor sich stehen oder eine Runde Pizzawerfen hinter sich hat, das erklären wir in den nächsten Kapiteln. Wir beschreiben das Vorgehen zunächst überblicksartig am Beispiel von Jochen und Klaus. Diejenigen unter der Leserschaft, die diese im folgenden beschriebene Pizza-Technik selbst anwenden möchten, finden tiefergehende Erläuterungen im Workshop-Teil dieses Buches.

Die eigene Pizza analysieren

Unser Vorschlag für die Suche nach einer guten Lösung für alle an einer Interaktion mit starkem negativem Affekt beteiligten Personen unterscheidet sich von vielen bekannten Techniken auf diesem Gebiet. Aktives Zuhören oder kontrollierter Dialog sind Beispiele für diese bekannten Formen der Lösungsfindung. Wir empfehlen, nach einem Pizzawerfen oder besser sogar schon proaktiv – bereits beim Registrieren des Pizzaboten *vor* einer erwarteten Interaktion – zunächst allein zu arbeiten.

Warum glauben wir, dass es wichtig ist, zunächst das eigene Innenleben genau zu kennen, bevor man das Gespräch mit anderen Menschen sucht? Weil sich durch die Synchronisierungsprozesse, die wir nun schon genau kennengelernt haben, Menschen rasend schnell und völlig außerhalb der bewussten Kontrolle gegenseitig mit Affekten «anstecken» können. Wenn alle BPs mit negativen Affekten infiziert sind, ist es extrem schwer, konstruktive Lösungen zu finden (siehe hierzu vertiefend Storch & Kuhl, 2013). Um tragbare und befriedigende Lösungen zu entwickeln, benötigt das psychische System eine ausgeglichene, ruhige Affektlage. Das Beste, das BP1 zu einer gelingenden Interaktion beisteuern kann, ist deswegen, bei sich selbst für eine entsprechende affektive Situation zu sorgen. Es wird somit deutlich: Unser Vorgehen sieht eine Menge Verantwortung für konstruktive Gespräche beim Individuum selbst. Der Vorwurf: «Du willst mich nicht verstehen!» oder «Du verstehst mich einfach nicht!» ist in unseren Augen genauso absurd, wie die Vorstellung, mein Gegenüber habe die Aufgabe, den Belag meiner eigener Pizza zu sortieren, indem es meine wirren Gedanken durch aktives Zuhören und Paraphrasieren zu ordnen versuchte. Diese Techniken können natürlich angewandt werden, jedoch nur in professionellen Kontexten, in denen ausgebildete Personen dafür bezahlt werden, dass sie diese mühselige Arbeit auf sich nehmen. Im Alltag, in der Interaktion zwischen ganz normalen Menschen in ganz normalen Situationen, sind diese Techniken nach unserer Auffassung dagegen fehl am Platz. Sie wirken gekünstelt und wenig authentisch und sind in unseren Augen auch wenig erfolgversprechend, solange BP1 den Belag der eigenen Pizza überhaupt noch nicht überblickt.

Die Arbeit, die man investiert, indem man sich selbst erst einmal mit der eigenen Pizza beschäftigt, ist ein guter Grundstock für das anschließende Gespräch mit BP2. Zu dieser Arbeit an der eigenen Person gehören vier Stufen:

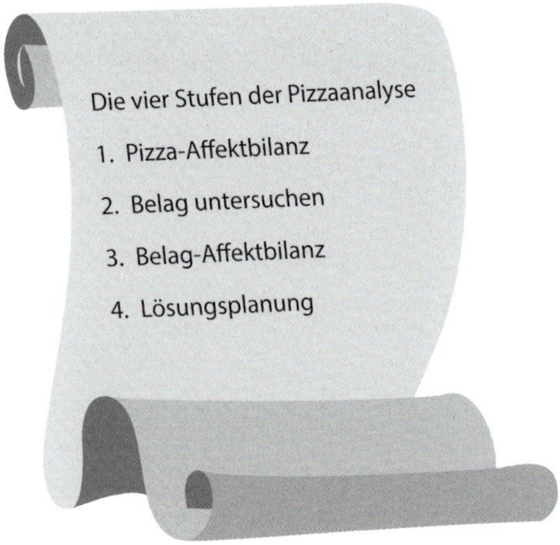

1. Pizza-Affektbilanz

In Stufe eins wird die gesamte Pizza einer Affektbilanz unterzogen. Diese Affektbilanz ist wichtig, damit in Stufe 4, bei der Lösungsplanung, überprüft werden kann, ob bestimmte mögliche Lösungen die Gesamtproblematik zu ändern vermögen. Wir benötigen also diese erste Affektbilanz sozusagen als eine Art Eichung des assoziativen Netzwerkes, das mit negativen Affekten bewertet wird.

Solch eine umfassende Affektbilanz ist deswegen möglich, weil das psychische System, das die bewertenden Affekte hervorbringt, viele Informationen auf einmal bearbeiten und zu einer umfassenden Einschätzung gelangen kann.

Jochen, der Apotheker, kann also einfach seine zu bewertende Pizza «Ärger-Telefonat mit Klaus» nennen. Ein Ehepaar, das sich über den nächsten Urlaubstermin streitet, zieht sich nach heftigem Pizzawerfen einzeln zurück und bewertet, jeder für sich allein, die Pizza mit den Namen «Streit wegen Urlaubstermin». Ein studierender Sohn, der immer wieder mit seiner Mutter aneinandergerät, weil er sie in ihren Augen an den Wochenenden zu selten besucht, nennt seine Pizza «Besuchsärger mit Mom».

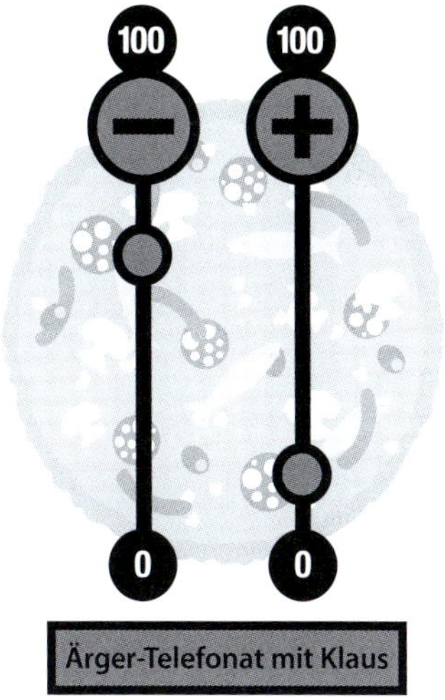

2. Belag untersuchen

Nach dieser Gesamtbewertung kann man mit Schritt zwei beginnen: Der Pizzabelag wird im Einzelnen genauer untersucht. Bleiben wir für das weitere Vorgehen beim Beispiel des Ärger-Telefonats mit Klaus. Jochen gibt der Gesamt-Pizza eine Affektbilanz von minus 85 und plus 20. Dieses Beispiel zeigt, dass selbst bei einer schwierig belegten Pizza auch positive Affekte mit im Spiel sein können. Im Fall von Jochen resultieren die plus 20 aus der Freundschaft mit Klaus: «Ich weiß ja, dass ihm der Erlebnisabend am Herzen liegt, und kann an seiner Reaktion sehen, dass er wirklich was Gutes erreichen will», kommentiert er die plus 20.

Es ist wichtig, auch die positiven Affekte im Blickfeld zu haben, beginnt man zu schauen, was denn nun genau auf der eigenen Pizza herumliegt. Schritt für Schritt wird nun, um in der Pizza-Metaphorik zu bleiben, jedes Stückchen auf der Pizza einzeln sortiert und betrachtet. Die Pizza wird sozusagen komplett in ihre Einzelteile zerlegt. Aus welchen Elementen setzt sich der negative Affekt denn eigentlich zusammen? Welche Aspekte aus Jochens Lebenssituation sind daran beteiligt?

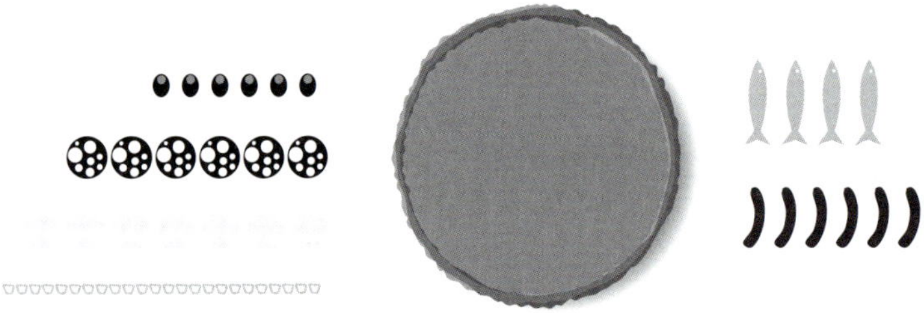

Das besondere an der EC-Technik ist hierbei, dass von den einzelnen Teilen keine Liste angelegt wird, sondern dass sie auf kleine Papierschnipsel geschrieben werden, die man später weiter verarbeitet. Warum wird dieses Vorgehen von uns empfohlen? Das Anfertigen von Listen entspricht dem seriellen Denken des Verstandes. Das psychische System, dass die Pizza hervorgebracht hat, das Unbewusste, arbeitet jedoch mit assoziativen Netzwerken und einer starken Verbindung zu Körperempfindungen. Von daher ist es für dieses System viel adäquater, wenn die Informationen nicht nur rein intellektuell, sondern auch «handwerklich» – mit einem handelnden Körperaspekt – verarbeitet werden können. Papierschnipsel lassen sich herumschieben, übereinanderlegen und in ihrer Position verändern. Mit einer Liste geht das nicht.

Jochen fertigt sich folgende Schnipsel an:

Nachdem Jochen alles auf Papierschnipsel geschrieben hat, was ihm als Verursacher der negativen Affektlage des Ärger-Telefonats mit Klaus einfällt, kann er damit beginnen, seine Pizza mit diesen nun bewusst gewordenen Elementen seiner Affektlage neu zu belegen. Der Unterschied zwischen der Pizza, die Jochen jetzt produziert, und der Pizza, die während des Ärger-Telefonats entstanden ist, besteht darin, dass nun über die Bestandteile reflektiert wurde. Und das auf eine Art, die der assoziativen, körpernahen Speicherung dieser Inhalte entspricht. Jochen kann jetzt in Ruhe rekonstruieren, wie es zu seiner Verfassung kommen konnte.

Die Aufgabe besteht jetzt darin, auf einem großen Blatt Papier oder einem großen Teller die Belagsschnipsel so zu ordnen, dass sie der eigenen gefühlten Wirklichkeit entsprechen. Welches Schnipsel muss in die Mitte, weil es zentral wirkt? Welches kann eher an den Rand, weil es gar nicht so wichtig ist? Welches müsste eigentlich von der Wirkungsmacht her doppelt oder dreifach auf der Pizza auftauchen, welches ist nur als kleiner Krümel vertreten?

Während dieses Arbeitsschrittes kann man die Papierschnipsel auch mit anderen Größenverhältnissen neu anfertigen, sollte man bemerken, dass das für die eigene Reflexion und Klärung hilfreich ist.

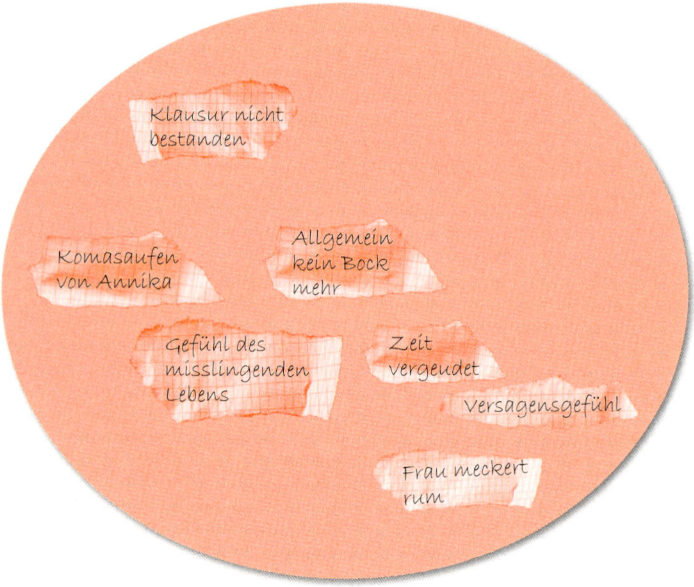

Pizzabelag von Jochen

Bei der Arbeit mit den Papierschnipseln wird Jochen durch das körperlich vollzogene Hin- und Herschieben klar, dass die Schnipsel «Allgemein keinen Bock mehr», «Gefühl von einem misslingenden Leben» und «Zeit vergeudet» zusammen in die Mitte gehören, wo sie einen mächtigen Frust-Klumpen bilden. Die anderen Themen gehören eher an den Rand, sie sind zwar wesentlich, entfalten aber nicht die Wirkungsmacht wie die allgemeine Frustration, die in der Mitte sitzt.

Ist Jochen durch diese Form der verkörperten Reflexion schon eine Erkenntnis gekommen?

«Ja, wirklich erstaunlich, diese Pizzatechnik», erklärt er bereitwillig. «Was mich am meisten verblüfft ist die Tatsache, dass meine Frau und meine Tochter gar nicht im Zentrum meiner Pizza stehen, sondern dass da eigentlich mein eigenes Leben steht. Ich habe bisher immer gedacht, es sei für mich zentral, dass meine Familie glücklich ist und dass es mir gut geht, wenn es meiner Familie gut geht. Die Pizzatechnik hat mich zu einem anderen Ergebnis geführt. Die Schnipsel haben sich eigentlich wie von Zauberhand selber an ihren Platz gelegt. Und das Ergebnis heißt, dass ich mein eigenes Leben in den Mittelpunkt stellen muss, nicht nur unbewusst, sondern auch bewusst.»

In der Tat, dieses Ergebnis ist bemerkenswert und wird für die Lösungsentwicklung reich an Konsequenzen sein.

3. Belag-Affektbilanz

Im nächsten Schritt befasst sich Jochen damit, die einzelnen Belagselemente seiner Pizza einer Einzelbewertung zu unterziehen. Ziel dieses Vorgehens ist es, aus dem großen Kuddelmuddel überschaubare Häppchen zu formen, die dann auch einzeln einer Suche nach Lösungen unterzogen werden können. Das Erstellen von vielen kleinen Mini-Affektbilanzen soll schnell gehen, hier ist kein großes Grübeln gefragt. Die Antwort gibt der Körper und das Unbewusste! Nach zwei Minuten hat Jochen seine Affektbilanzen fertig.

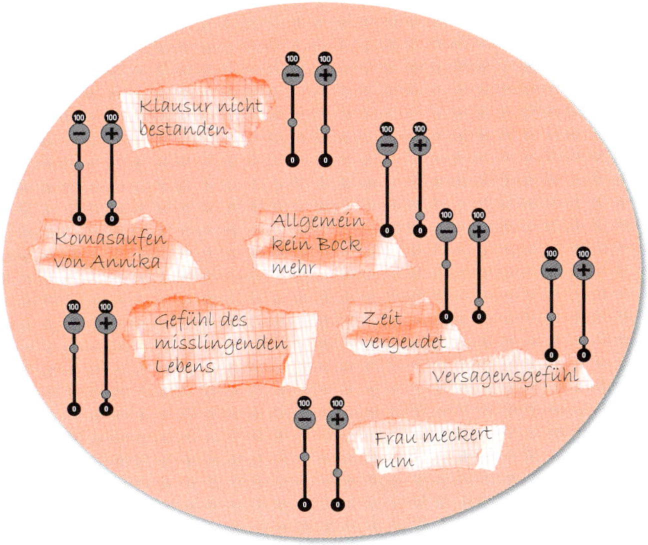

Pizza von Jochen mit Belag-Affektbilanz

Auch nach diesem Schritt der kleinen Affektbilanzen kann man innehalten und das Ergebnis reflektieren. Gibt es eine neue Erkenntnis, die Jochen hieraus gewinnen konnte? An dieser Stelle müssen übrigens keine vermeintlichen Erkenntnisse aus den Rippen geschnitten werden, wenn keine da sind! Es lohnt sich jedoch immer, kurz darüber nachzudenken. Jochen hat etwas, das ihm auffällt.

«Was ich bemerkenswert finde, ist, dass ich das Meckern meiner Frau nach Autonomie auch mit deutlich 35 plus bewerte. Es ist zwar unangenehm, weil sie ihre schlechte Laune an mir auslässt, aber ich finde es auch gut, dass sie überhaupt solche Wünsche hat und nach eigenen Wegen sucht, jetzt, wo Annika kein Kind mehr ist. Diese Affektbilanz mit den gemischten Gefühlen ist wirklich eine interessante Sache. Auch die verhauene Klausur ist gar nicht nur eindeutig schlecht. Abgesehen davon, dass sie nur eine minus 50 verursacht und mir gar nicht sooo schlimm am Selbstwert kratzt, macht es mir sogar Spaß im Wert von 40 plus, mich noch tiefer in die Materie reinzuknien. Das Thema interessiert mich ja, und ich habe einfach nicht genug gelernt, weil ich mir dafür die Zeit nicht genommen habe. Was mir auch noch ganz glasklar ist: Der große schwarze Klumpen in der Mitte – hier liegt der Hase im Pfeffer. Ich habe das Gefühl, meine Lebenszeit zerrinnt mir zwischen den Fingern, und da gibt es auch kein Plus, das ist einfach nur stark im Minus. Zwischen 80 und 100. Das war mir vor diesem Schritt in dieser Deutlichkeit nicht klar.»

Nach dieser Klärung kann Jochen mit der Lösungsplanung beginnen.

4. Lösungsplanung

Die Lösungsplanung in unserem Modell stellt in erster Linie und ausdrücklich die Eigenverantwortung des Individuums in den Mittelpunkt. Wir glauben nicht daran, dass es von Vorteil ist, über ein Problem einfach nur zu sprechen. Damit es Sinn machen kann, sollte BP1 eine Vorstellung von den eigenen Bedürfnissen haben, die so klar ausgearbeitet ist wie irgend möglich.

Zur Klärung der Bedürfnisse und Notwendigkeiten sind zwei Ordnungsfragen hilfreich:

(1) Welche Belagsteile auf meiner Pizza belasten mich am meisten?
(2) Bei welchen Belagsteilen kann ich selbst eine Veränderungsmöglichkeit gestalten, die positive Auswirkungen auf die Affektbilanz hat (Minus runter und/oder Plus hoch)?

Für Jochens Pizza ist die Antwort auf beide Ordnungsfragen schnell gefunden. Die Thematik der verrinnenden Lebenszeit belastet ihn momentan am meisten. Gleichzeitig hat er das Gefühl, dass er hier selbst viel gestalten kann.

«Ich muss damit anfangen, die Dinge selbst in die Hand zu nehmen. Bevor ich diese Klarheit hatte, die ich aus der Pizza-Analyse gewonnen habe, habe ich mich eigentlich mehr von der Umwelt leiten lassen. Ich habe wohl gemerkt, dass es mir an manchen Tagen die Stimmung verhagelt hat, aber ich konnte nicht richtig zuordnen, was eigentlich wirklich los war. Jetzt überblicke ich die ganze Thematik viel besser.»

Was kann Jochen selbst dazu beitragen, dass sich das Gefühl der verrinnenden Lebenszeit zum Positiven verändert?

«In erster Linie muss ich damit aufhören, Dinge zu tun, die mir nicht wirklich wichtig sind. Und je länger ich darüber nachdenke, desto deutlicher wird mir, dass der mittelalterliche Erlebnisabend, leider Gottes, zu diesen Dingen gehört. Wissen Sie, der mittelalterliche Erlebnisabend ist eine Idee, die Klaus und ich schon seit sicher zehn Jahren mit uns herumtragen. Er war zu Beginn auch etwas, das mich begeistert hat und das mir wichtig war. Aber nun habe ich mit dem Studium angefangen, und mein Zeitbudget hat sich völlig verändert. Wenn ich ehrlich bin, ist mir mein Studium viel wichtiger als der mittelalterliche Erlebnisabend. Ich habe mir das aber bisher nie so richtig klar gemacht. Ich werde mit Klaus über meine veränderte Interessenslage sprechen. Eigentlich läuft es darauf hinaus, dass ich mich von dieser Idee zurückziehe. Ich hoffe, Klaus ist nicht allzu sehr enttäuscht. Aber so weitermachen hat für mich keinen Sinn. Wenn man so etwas gut organisieren möchte, dann muss man sich da richtig dahinterklemmen. Und dazu habe ich keine Lust mehr.»

Jochen beschließt, an Klaus eine E-Mail zu schreiben:

> *Lieber Klaus, es tut mir leid, dass wir vor drei Tagen wegen des mittelalterlichen Erlebnisabends aneinandergeraten sind. Ich möchte gerne mit dir in Ruhe darüber sprechen, wie wir mit dieser Idee weiter verfahren. Hast du nächste Woche Zeit auf ein Viertel Riesling in der Weinstube am See?*
> *Dein alter Freund Jochen*

Zwei Wochen später treffen wir Jochen wieder.

Und, wie lief das Gespräch?

«Ich bin wahnsinnig erleichtert, das kann ich sagen! Ich habe dem Klaus alles genauso erklärt, wie ich es mir nach meiner Pizza-Analyse selber klar gemacht habe. Dass sich meine Interessenslage geändert hat und dass ich im Grunde momentan keine Ressourcen für den mittelalterlichen Erlebnisabend übrig habe. Und dass ich mir das wahrscheinlich lange Zeit nicht eingestanden habe, weil ich mit ihm schon so viel darüber gesprochen habe, dass ich ihn nicht durch meinen Rückzug enttäuschen wollte. Das hab ich ihm alles gesagt. Und er hat meine Lage nachvollziehen können. Natürlich war er enttäuscht, aber er hat auch gesagt, dass diese Idee ja ursprünglich dazu gedacht war, uns beiden Freude zu bereiten. Und dass es für ihn auch keine gute Vorstellung sei, wenn ich nur noch aus Pflichtgefühl mit dabei wäre. Er überlegt sich jetzt, ob er sich einen anderen Partner sucht, vielleicht jemanden aus dem Fanfarenzug, oder ob er die Idee ganz begräbt. Mensch, bin ich froh, zwischen uns beiden ist jetzt wieder alles im Lot.»

Da sind wir auch froh, und wir drücken Jochen die Daumen, dass die nächste Klausur besser läuft!

Vergegenwärtigen wir uns noch einmal, wie unterschiedlich die beiden Interaktionen zwischen Klaus und Jochen abgelaufen sind. Das Pizzawerfen bestand aus gegenseitigen Vorwürfen hinsichtlich Besserwisserei und Empfindlichkeit. Die Wahrscheinlichkeit, dass sich die Affektlage ins Positive wendet, ist hier gleich Null. Die zweite Interaktion, auf die sich Jochen mit Hilfe der Pizza-Technik gut vorbereitet hat, erbrachte eine Synchronisierung von BP1 und BP2. Ermöglicht wurde dies dadurch, dass Jochen in Ruhe darüber nachgedacht hat, welche Ursachen am Zustandekommen der starken negativen Affektlage bei ihm selbst beteiligt waren. Zudem hat er für sich einen klaren Standpunkt erarbeitet, wie er seine eigenen negativen Affekte verändern kann. Mit solchen Voraussetzungen verfügt ein Gespräch über eine wesentlich bessere Ausgangsbasis, da BP1 mit einem Vorschlag für eine Lösung in die Interaktion eintreten kann.

Jochen und Klaus geben ein Beispiel ab, in dem mit Hilfe der Pizza-Technik und einer guten Vorbereitung von BP1 ein Problem aus der Welt geschafft werden konnte. BP1 hat sich gut überlegt, was er dem Gegenüber sagen möchte, BP2 war offen für das Anliegen von BP1 und hat die eigene Welt mit der von BP1 synchronisiert. Mit der Pizza-Technik gelingen solche Wandlungen sehr gut, probieren Sie es aus! Allerdings ist es unrealistisch, davon auszugehen, dass wir immer mit einer idealen BP2 rechnen können, wie Jochens Freund Klaus eine ist (obwohl die Pizza-Technik die Wahrscheinlichkeit, dass BP2 sich ideal verhält, enorm erhöht!). Wir wollen auf jeden Fall noch die Variante besprechen, dass BP1 sich zwar optimal vorbereitet hat, dass BP2 dennoch mit dem Pizzawerfen nicht aufhört. Davon handelt der nächste Abschnitt.

Wenn das Gegenüber nicht mit Pizzawerfen aufhört

Beginnen wir mit einem Fallbeispiel: Zwei Arbeitskolleginnen bei einer Versicherung, Dagmar und Hedwig, haben sich vor einer Woche ein heftiges Pizzawerfen geliefert. Beide arbeiten in der Personalentwicklung einer Versicherungsgesellschaft und sind mit einem Projekt zum betrieblichen Gesundheitsmanagement befasst.

Dagmar war ein paar Tage an Grippe erkrankt, deshalb wurden ihre E-Mails auf Hedwigs Adresse umgeleitet. Hedwig hatte während der Krankheit von Dagmar einen längeren E-Mail-Verkehr mit Frau Kienstroh, der Chefin von Dagmar und Hedwig, und ihr dabei mehrere Namen von Dozierenden für eine Vortragsreihe zum betrieblichen Gesundheitsmanagement vorgeschlagen. Als Dagmar wieder an ihren Arbeitsplatz zurückkam und von Hedwigs Aktivität erfuhr, war dies Anlass für eine heftigen Auseinandersetzung. Dagmar betrachtete die Suche nach Dozierenden als ihr Ressort und erlebte Hedwigs diesbezügliche Vorschläge als massive Grenzüberschreitung. Im Laufe des Pizzawerfens verwendete Dagmar Wort wie «am Stuhl sägen», «unkollegiales Verhalten», «Macht an sich reißen», «Heimtücke» und «Vertrauensverlust». Hedwigs Beitrag zum Pizzawerfen war auch nicht von schlechten Eltern. Sie nahm Worte wie «paranoid», «nicht teamfähig» und «engstirnig» in den Mund.

Hedwig tat ihr Ausbruch eigentlich schon leid, während sie sich selbst die beleidigenden Worte sagen hörte.

«Aber wissen Sie», erklärt sie uns, «die Anschuldigungen von Dagmar kamen derart überraschend und überfallartig, dass ich eben auch meine Zurückhaltung aufgegeben habe. Im Grund habe ich mich völlig unprofessionell verhalten. Das wurmt mich sehr, ich habe da andere Ansprüche an mich selbst. Und außerdem arbeite ich mit Dagmar sehr eng zusammen, wir sitzen am selben Projekt, und ich möchte diese leidige Angelegenheit wirklich aus der Welt schaffen. Weder bin ich auf Dagmars Posten scharf, noch will ich Macht an mich reißen. Mir war einfach nicht klar, wie empfindlich Dagmar in diesem Punkt ist. Ich dachte, ich nehme ihr ein wenig Arbeit ab, um sie bei ihrer Rückkehr zu entlasten. Dass Dagmar das dermaßen in den falschen Hals kriegen würde, wer kann das denn ahnen!»

Hedwig bereitet sich mit Hilfe der Pizza-Technik gut auf ein Gespräch mit Dagmar vor. Sie möchte gern deutlich machen, dass sie es nur gut gemeint hat und dass sie sich die Rückkehr beider

BPs zur alten Vertrauensbasis wünscht. Ihr ist auch bereits klar, dass sie Dagmars Wunsch nach Absprache völlig unterschätzt hat, und sie vermutet, dass Dagmar schon einmal schlechte Erfahrungen mit unkollegialem Verhalten gemacht hat.

«Denn nur wegen dieser Kleinigkeit so auszurasten, das steht doch nicht dafür», findet Hedwig.

Aus unserer Sicht sind die Voraussetzungen eigentlich sehr gut, dass die Verstimmung zwischen Dagmar und Hedwig ausgeräumt werden kann.

Das Gespräch verläuft jedoch völlig anders, als Hedwig sich gewünscht hat.

«Ich möchte dir sagen, dass ich die Absprachen mit Frau Kienstroh nicht in die Wege geleitet habe, um in deiner Abwesenheit deine Kompetenzen an mich zu reißen. Ich wollte dir Arbeit abnehmen, um dich zu entlasten», beginnt Hedwig den erhofften Synchronisierungsprozess.

«Du kannst mir viel erzählen! Glaubst du denn, ich bin so naiv und falle auf diese Ausrede rein?» – Wow! Die Pizza von Dagmar landet mitten in Hedwigs Gesicht.

Hedwig bleibt ruhig und versucht es erneut: «Das kann ich nachvollziehen, dass du jetzt erst mal ein paar neue Erfahrungen machen musst, zum Beispiel die, dass du mir wirklich vertrauen kannst. Ich bin sicher, es wird Gelegenheit dafür geben. Ich bitte dich einfach um ein wenig Geduld und um einen Vertrauensvorschuss.»

«Das würde dir so passen! Die dumme kleine Dagmar, die kann man ja vollsülzen, und dann bei der nächsten Gelegenheit – Peng! – setzt es den nächsten Nackenschlag. Nein, nein, meine Liebe, ich hänge genauso an meinem Job wie du. Wer Krieg will, kann Krieg haben. Mach dich auf was gefasst!»

«Aber Dagmar, nun komm doch mal runter! Was soll ich denn noch sagen außer, dass es mir sehr leid tut, dass ich dir keine Kompetenzen wegnehmen möchte und dass ich mir für die Zukunft gute Absprachen wünsche, damit so etwas nicht wieder passiert? Hörst du eigentlich, was ich sage?»

«Oh, ich höre sehr gut, mach dir um mich mal keine Sorgen. Mein Gehör ist völlig in Ordnung. Aber Erfahrungen zählen mehr als Worte, und meine Erfahrung mit dir habe ich gemacht. Einfach in meiner Abwesenheit hinter meinem Rücken bei der Kienstroh schleimen gehen, so etwas muss nur einmal passieren, dann weiß ich, was ich von jemandem zu halten habe.»

«Und so ging das noch zehn Minuten weiter», berichtet Hedwig erschöpft. «Ich habe mich dann an eure Regel erinnert, dass man Pizzawerfen so bald wie möglich stoppen soll, und habe einfach vermeldet, dass ich das Gespräch an dieser Stelle beenden möchte und dass wir vielleicht ein andermal noch einmal nach einer Lösung suchen könnten. Woraufhin Dagmar wutentbrannt ‹Da kannst du lange warten!› schnaubte. Ich habe mich dann einfach umgedreht und bin weggegangen.»

Was kann man Hedwig aus der Sicht des EC-Modells raten? Gelingende Kommunikation äußert sich nach dem EC-Modell nicht in der Suche nach Wahrheit, sondern in der Suche nach Stimmigkeit. Viele sind einem Menschen- und Weltbild verhaftet, das davon ausgeht, dass irgendwo eine Flaschenpost schwimmt, die die absolute Wahrheit enthält und die nur aus dem Kanal gefischt werden muss. Wenn ich dieses Bild zu meiner Ausgangsbasis mache und fest daran glaube, dass es von mehreren BPs eine gibt, die im Besitz der Wahrheit ist, dann muss ich natürlich darum kämpfen, dass sich meine Version der Welt in der Kommunikation durchsetzt. Ich suche dann nicht nach dem Stimmigkeitsgefühl zwischen zwei oder mehreren BPs, sondern ich möchte erreichen, dass sich meine Geschichte durchsetzt, die ja schließlich die Wahrheit darstellt. Kommunizieren im Sinne der EC bedeutet hingegen, dass ich mich auf mein Gegenüber synchronisierend einschwinge und seine Wahrheit in Teilen zu meiner Wahrheit mache, indem ich zusammen mit dem Gegenüber eine neue, gemeinsame Wahrheit erschaffe.

Dieser Vorgang, die eigene Wahrheit aufzugeben und zusammen mit dem Gegenüber eine neue Wahrheit zu erschaffen, die in beiden ein Stimmigkeitsgefühl hervorruft, ist für das psychische System reich an Konsequenzen. Er verändert nämlich die Identität beider BPs. Die PSI-Theorie von Kuhl (2010) kann erklären, warum: Der Teil des psychischen Systems, der das Selbst ausmacht, ist an ein Gedächtnissystem gekoppelt, in dem alle Erfahrungen gespeichert sind, die der Mensch in seinem Leben gemacht hat. Die Speicherung von Erfahrungen beginnt bereits vor der Geburt, schon im Mutterleib. Dieses System, das Selbst, ist im Gehirn eng mit Bereichen verbunden, die Körpergeschehen erfassen, ist also ein direkter Teil von meinem Fleisch und Blut. Wenn man sich über ein Geschehen eine eigene Version entwickelt, so ist diese eigene Version nicht nur einfach ein Gedanke, der sich mit einem Fingerschnips verändern lässt. Insbesondere bei Situationen, die starke Affekte hervorgerufen haben, kann man sicher sein, dass dieses Erlebnis im wahrsten Sinne des Wortes «unter der Haut» sitzt. Sich auf einen Prozess des Synchronisierens mit einem Gegenüber einzulassen, bedeutet darum auch immer, sich selbst zu verändern. Gespräche über verschiedene Versionen unterschiedlicher BPs sind nicht einfach Schall und Rauch, sie sind nicht beliebig, sondern sie verändern alle diejenigen, die ernsthaft an solch einer Suche nach einem Stimmigkeitsgefühl teilnehmen. Die eigenen Versionen zu ändern heißt darum immer auch, sich selbst zu ändern. Das muss zwar nicht immer in großem Umfang sein, ist aber dennoch jedes Mal der Fall. Für manche Menschen ist dieser Vorgang jedoch so bedrohlich, dass sie von ihrer Version nicht ablassen können.

Was bedeutet diese Einsicht für Hedwig? Hedwig kann im Moment bei Dagmar nichts erreichen. Sie kann darauf hoffen, dass sie es schafft, Dagmar im Umgang mit ihr genügend neue Erfahrungen machen zu lassen, die das verlorene Vertrauen wieder herstellen.

Eine Änderung in der Beziehung muss aus dem Erleben kommen, muss konkret und körperlich erfahren werden und in das Gedächtnissystem des Selbst als neue Erfahrung eingespeist werden. Dann verändert sich vielleicht Dagmars Geschichte. Mit Sprechen kommt Hedwig momentan bei Dagmar nicht weiter.

Hedwig muss allerdings nicht tatenlos herumsitzen. Hedwig kann sich mit ihrem eigenen Selbstmanagement befassen und für sich ein Wunderrad generieren. Diese Technik stellt ihr verschiedene Optionen zur Verfügung, mit deren Hilfe sie den Arbeitsalltag mit Dagmar spontan und situativ adäquat bewältigen kann.

«Oh je, da weiß ich aber echt nicht, was ich in dieses Wunderrad eintragen soll!», seufzt Hedwig. «Ich bin mit meinem Latein am Ende, was Dagmar betrifft. Der Schock sitzt mir immer noch in den Knochen, das kann ich Ihnen sagen. Dass jemand dermaßen tiefsitzend misstrauisch und verbiestert reagiert, das ist schon starker Tobak. Aber ich kann Ihre Erklärung mit dem Selbst und den Erfahrungen gut nachvollziehen. Dagmar hat offenbar so schlimme Erfahrungen abgespeichert, da ist eine Synchronisierung momentan einfach nicht möglich. Aber Ideen für das Wunderrad habe ich trotzdem keine, schon gar keine fünf!»

Das macht gar nichts, denn Hedwig kann eine Technik verwenden, die ihr dabei helfen wird, gute Ideen zu generieren. Die Technik heißt *Ideenkorb.*

«Ideenkorb? Hört sich interessant an. Wie funktioniert das denn?»

Der Ideenkorb funktioniert folgendermaßen: Wer das Gefühl hat, Unterstützung zu brauchen, geht mit einem imaginären Korb zu verschiedenen Ideenspendern und lässt sich gute Ideen in diesen Korb werfen – daher der Name dieser Übung. Im Prinzip dürfen in den Korb alle Ideen hineingeworfen werden, die den Ideenspendern gerade in den Sinn kommen. Wenn der Ideenkorb gut gefüllt ist, kann die Person, die sich den Korb hat füllen lassen, diejenigen Ideen heraussuchen, die ihr am besten gefallen. So kann man sich ganz einfach neue Anregungen und Ideen verschaffen. Das Prinzip mit dem Ideenkorb funktioniert sowohl im persönlichen Gespräch als auch per E-Mail. Es lässt sich immer dann einsetzen, wenn man selber das Gefühl hat, nicht weiter zu kommen. Der Ideenkorb ist hilfreich bei der Pizza-Technik, wenn ich nach möglichen Assoziationen suche, die mir selbst nicht in den Sinn kommen. Ebenso hilfreich ist er bei der Erstellung eines Wunderrads. Es ist oftmals verblüffend, welche fabelhaften Einfälle andere Menschen produzieren, die eigene Geschichten und Erfahrungen in ihrem Gedächtnis gespeichert haben.

Die Arbeit mit dem Ideenkorb ist im Grunde eine Brainstorming-Technik, die sich durch eine Besonderheit auszeichnet: Die Auswahl der Ideen aus dem Ideenkorb durch die Korbbesitzerin/den Korbbesitzer erfolgt durch die Affektbilanz und nicht mit dem Verstand. Damit ist sichergestellt, dass der Teil des psychischen Systems, der das stark an Körperempfindungen gekoppelte Selbst ausmacht, an der Entscheidung beteiligt ist. Geeignet für die weitere

Arbeit sind alle Ideen mit einer Affektbilanz von 0 minus und mindestens 70 plus.

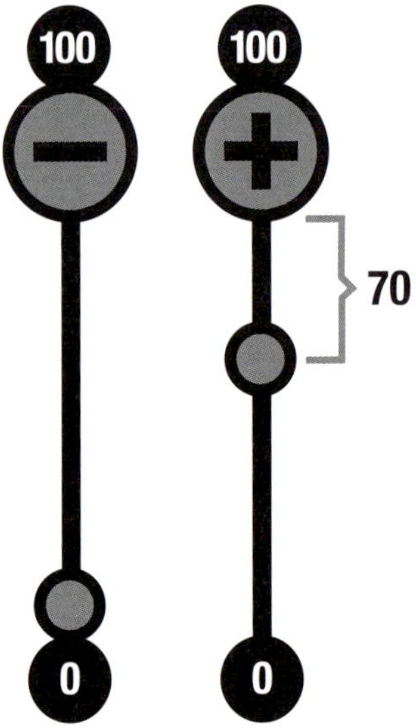

Das Angenehme an der Ideenkorb-Technik ist die Gelassenheit, mit der das Ideensammeln stattfindet. Geht man normalerweise mit einem Problem zu jemand anderem und bittet um Rat, entsteht oft eine komplizierte Dynamik: So kommt es vor, dass die Person, deren Rat man erbeten hat, versucht, den Ratsuchenden von einer Variante zu überzeugen: «Glaub mir, ich kenn dich doch, das ist das Beste für dich!» Als ratsuchende Person hat man dann zusätzlich zum Ausgangsproblem, wegen dem man sich überhaupt auf die Suche nach guten Tipps begeben hat, auch noch ein zweites Problem: die Debatte mit einem wohlmeinenden Ratgeber, dessen Tipps einem nicht gefallen und den man jetzt abwehren, im Zaum halten und auf diplomatische Weise abwimmeln muss. Oftmals endet solch ein Gespräch damit, dass der Ratgeber verschnupft ist: «Dann frag mich doch gar nicht erst, wenn dir meine Vorschläge nicht gefallen.»

Das Ideenkorb-Arrangement erzeugt einen völlig anderen «Groove»: Es gibt keinen Ratgeber, der überzeugen muss, es gibt lediglich die

Rolle eines Ideenspenders / einer Ideenspenderin. Ideenspender geben aus dem Archiv ihrer Erfahrungen einige Vorschläge ab, die ihnen sinnvoll erscheinen. Die weitere Verwertung ihrer Ideen ist nicht mehr Bestandteil ihrer Tätigkeit. Die Ideenspende besteht lediglich aus dem Füllen des Ideenkorbes, der Korbbesitzer/die Korbbesitzerin bedankt sich dafür herzlich, und damit ist die Aufgabe beendet. Der Vorgang der Ideenspende hat zwei Funktionen: Zum einen bekommt der Korbbesitzer / die Korbbesitzerin neue Ideen. Zum anderen kann aber auch etwas Zusätzliches geschehen: Durch das Anreichern des eigenen psychischen Systems mit neuen Informationen können in der ideensuchenden Person selbstorganisierende Prozess entstehen, so dass sie auf einmal eigene neue Ideen generiert, auf die sie von allein niemals gekommen wäre. Die Ideenkorbtechnik ist in dieser Hinsicht – in der Sprache der Selbstorganisationstheorie formuliert – eine hilfreiche Randbedingung, die neue Muster in der ideensuchenden Person emergieren lässt.

Jetzt wird deutlich, mit welcher Gelassenheit auch verzwickte Probleme auf der Grundlagen des EC-Modells angegangen werden können. Man wird aktiv und unternimmt etwas, man unterliegt dabei aber keinem Zwang und keinem Druck. Es gibt nicht *die* richtige Antwort, es gilt stattdessen eher die Beckenbauer-Devise «Schau'n mer mal». Das psychische System ist ein Ideenkraftwerk, das, wenn man es richtig zu aktivieren weiß, ganz hervorragende Arbeit leistet.

Welche Personen kommen als Ideenspender in Frage? Zum einen sind dies Personen, von denen man sich Erkenntnisse verspricht, die für die Problemlösung nützlich sein können. Außerdem sollte die Person so einzuschätzen sein, dass sie das Prinzip der Ideenspende versteht und nicht in die unerwünschte Ratgeberrolle verfällt. Ansonsten gibt es keine weiteren Einschränkungen. Hedwig muss, wenn sie Ideen sammelt, auch nicht unbedingt allen Ideenspendern auf die Nase binden, dass sie selbst gerade an einem Problem mit Dagmar arbeitet. Man kann auch ganz nebenbei, in der Cafeteria vielleicht, eine Kollegin zur Sprache bringen, die gerade ein Problem mit einer anderen Kollegin hat, und locker darüber sinnieren, was diese Kollegin wohl für Handlungsmöglichkeiten haben könnte.

«Alles klar, das ist ja wirklich einfach, dieser Ideenkorb. Dann marschiere ich mal los und melde mich nächste Woche wieder, wenn ich ein paar Ideen gesammelt habe, okay?»

Das ist völlig okay, liebe Hedwig, viel Erfolg!

Nach einer Woche präsentiert Hedwig folgende Liste:

Mein Ideenkorb für Dagmar

In Zukunft für jede Tätigkeit die Zuständigkeit genau regeln

Mit der Chefin darüber sprechen, dass man getrennte Arbeitsbereiche möchte

Dagmars Empfindlichkeit ignorieren

Für jeden Vorgang eine Aktennotiz anfertigen, die dann als «Beweis» gelten kann

Über Dagmar Erkundigungen einziehen, was früher vorgefallen ist

Dagmar einen «Sorry»-Schokoladen-Marienkäfer aufs Pult stellen

Bei anderen Kollegen fragen, was sie für Erfahrungen mit Dagmar gemacht haben

Sich Dagmar als Schildkröte vorstellen, die misstrauisch aus ihrem Panzer guckt, das hilft, sie nicht so ernstzunehmen

Da ist ja einiges zusammengekommen!

«Ja, es ist wirklich verblüffend, auf was für Ideen die Ideenspender kommen. Manches hatte ich mir vorher auch so ungefähr überlegt, aber die Vorstellung von der Schildkröte, die ist einfach umwerfend!»

Hat Hedwig schon ihre Favoriten herausgesucht?

«Aber klar doch, wir sind von der schnellen Truppe! Ich habe sogar schon ein Wunderrad ausgefüllt, das steht ja auf Ihrer Homepage zum Download. Alles schon gecheckt. Hier ist das Prachtstück.»

Das Wunderrad für Dagmar

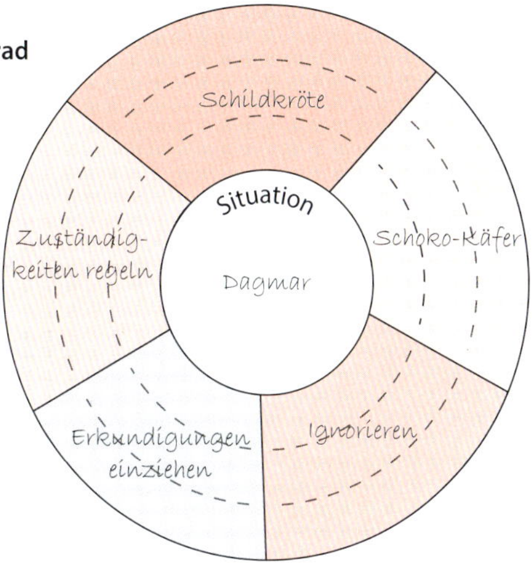

«Ich habe mir die zwei lustigen Ideen genommen, die Schildkröte und den Schoko-Käfer, die mir selber auch gute Laune machen. Und dann habe ich mir für den Notfall das Ignorieren ausgesucht, ich weiß ja nicht, wie lange Dagmar ihr Misstrauen durchziehen will. Auch für die konkrete Arbeit gibt es zwei wirklich gute Ideen. Ich werde in Zukunft genau und pingelig die Zuständigkeiten regeln und das auch schriftlich festhalten, falls es Differenzen gibt. Außerdem werde ich mich wirklich mal ein bisschen umhören, wer mit Dagmar was erlebt hat, da kommen vielleicht auch noch neue Erkenntnisse.»

Und wie geht es Hedwig jetzt insgesamt mit der Thematik rund um Dagmar?

«Naja, ich wäre natürlich immer noch glücklicher, wenn ich mit Dagmar keinen Krach hätte. Aber das kann man ja nun nicht mehr ändern. Mir hat das EC-Modell vor allem dabei geholfen, gelassen zu bleiben. Wenn ich das richtig verstanden habe, müsste ich mich auf der Grundlage der Kanaltheorie damit abmühen, Dagmar meine Wahrheit aufzudrücken. Ich glaube nicht, dass ich damit viel Erfolg hätte. Durch mein Wissen, dass nicht jeder Mensch zu jeder Zeit in der Lage ist, Synchronisierungsarbeit zu leisten, stellt sich eine gewisse Toleranz ein. Mir selbst gegenüber und Dagmar gegenüber. Ich weiß, ich habe mein Möglichstes getan. Mit dem Wunderrad habe ich zudem Handlungsoptionen, durch die ich aktiv werden kann. Von daher bin ich zufrieden.»

Hedwig hat mit ihrer Beschreibung den Nagel auf den Kopf getroffen. Wer mit dem EC-Modell kommuniziert, der kann auch damit leben, wenn manche Entwicklungen nicht rasch geschehen und auf sich warten lassen. Das Wunderrad stellt Möglichkeiten für Selbstmanagement zur Verfügung, mit deren Hilfe man tätig werden kann. Ansonsten darf man mit Gelassenheit den Dingen ihren Lauf lassen und auf eine günstige Gelegenheit warten, bei der sich vielleicht doch ein wenig Synchronie erzeugen lässt.

Wenn ich selber eine Pizza werfen will

Kürzlich erreichte mich eine E-Mail, an einem Samstagvormittag um 11 Uhr 56. Sie stammte von einem unserer Lehrgangsteilnehmer, der von mir Unterstützung wollte. Der Text lautete folgendermaßen:

> *Liebe Maja,*
> *am Mittwoch darf ich im Rahmen des «Business Leadership Forum» einen Vortrag über Selbstmanagement halten!*
> *Hab 1,5 Std. Hättest du nen Tipp, auf was würdest du dich hauptsächlich beschränken? Wenn du kurz Zeit hast, bin ich über ein kurzes Feedback dankbar!*
> *Schönen Samstag und liebe Grüße,*
> *Guido*

(Orte und Namen in dieser E-Mail sind selbstverständlich geändert.)

Nachdem ich diese E-Mail gelesen hatte, hörte ich den Pizzaboten an der Tür klingeln. Guidos Ansinnen rief in mir einen starken negativen Affekt hervor. Weil ich trainiert und geübt bin in der Wahrnehmung und Einschätzung von Pizzaboten aller Art, hatte ich für mich schnell geklärt, was mir an der Anfrage von Guido so sauer aufstieß. Es waren mehrere Komponenten: Zum einen nervte es mich gewaltig, dass Guido im Grunde so wenig wertschätzte, was er von mir verlangte. Ein Vortrag von eineinhalb Stunden Dauer baut sich nicht von selbst und will gut geplant sein, wenn er wirklich richtig prima rüberkommen soll. Ich wusste von ihm, dass er dabei war, sich neue Verdienstmöglichkeiten zu erschließen und sich sehr bemühte, seine Arbeit auf verschiedenen Plattformen darzustellen. Darum wusste ich auch, dass das Business Leadership Forum für ihn eine richtig große Chance war. Umso ätzender wirkte auf mich die oberflächliche Nonchalance, mit der er seine Vorbereitung auf den Auftritt dort garnierte. Zusätzlich fühlte ich mich in meiner Ehre gekränkt: Wenn ich tätig werde und jemandem dabei helfe, einen guten Vortrag zu bauen, dann verlange ich dafür normalerweise ein angemessenes Honorar. In der Vorbereitung eines Vortrags steckt viel Arbeit. Für Personen allerdings, die an meinem Institut Lehrgänge besuchen, stelle ich mein Hirnschmalz für gewöhnlich gratis zur Verfügung. Es ist mir ein Anliegen, sie dabei zu unterstützen, qualitätsvolle Arbeit zu liefern. Jedoch wünsche ich mir dann schon, dass das, was ich für diese Personen leiste, Wertschätzung erfährt und als das gewürdigt wird, was es in meinen Augen ist: kostenlose Supervision von einer ausgewiesenen Expertin. Guidos flapsiger Tonfall passte überhaupt nicht zu meinen Vorstellungen, wie man mich um Unterstützung anfragen sollte.

Dann kam noch etwas Zweites hinzu: Wenn jemand eine solch große Chance bekommt, einen eineinhalbstündigen Vortrag im Business Leadership Forum zu halten, dann ist es in meinen Augen extrem spät, wenn er sich gerade mal eine halbe Woche vorher hinsetzt, überhaupt erst eine E-Mail an mich schreibt und um Tipps bittet. Eine gute Präsentation von eineinhalb Stunden zu bauen, braucht Zeit. Für einen Anfänger würde ich hier vier Wochen veranschlagen. Guido litt offenbar unter einer groben Fehleinschätzung seiner Fähigkeiten, oder er hatte sich einfach ein völlig falsches Zeitbudget verpasst. Auf jeden Fall war seine Arbeitsmoral zweifelhaft.

Und drittens merkte ich, wie ich dabei war, Guidos Zeitdruck zu übernehmen, und wie ich mit dem Anspruch an mich selbst zu kämpfen hatte, übers Wochenende hinzusitzen und Tipps für Guidos Vortrag auszuarbeiten. Auch das gefiel mir nicht.

«Aber Guido hat doch nur um einen kurzen Tipp gebeten!», mag man jetzt einwenden. Dazu kann ich nur sagen: Wenn ich Guido den kurzen Tipp gegeben hätte: «Erzähle Rubikon-Modell, Motto-Ziele und Wenn-Dann Pläne», dann wäre so sicher wie das Amen in der Kirche postwendend eine E-Mail zurückgekommen: «Liebe Maja, danke für den Tipp, darf ich dich noch kurz fragen, wie meinst du das mit dem Rubikon-Modell? Komplett oder nur bezogen auf Führungsfragen? Soll ich lieber nur auf das Selbstmanagement eingehen oder auch auf die Mitarbeiterführung? Und würdest du auch das Thema Burnout ansprechen? Hast du hierzu ein oder zwei Folien, die du mir rüber beamen könntest? Danke und Gruß, Guido». Ich kenne meine Pappenheimer. Sie schreiben vom kurzen Tipp, weil sie sich noch nicht genügend mit dem Thema befasst haben und deshalb keine Ahnung haben, welches Ausmaß solch ein «Tipp» annehmen kann.

Alle diese Komponenten lagen auf meiner Guido-Pizza, das hatte ich mir klar gemacht. Nun war die Frage, was ich mit meiner Pizza anfangen sollte. Ein klärendes Gespräch in die Wege leiten, wie Jochen und Klaus? Dazu hatte ich überhaupt keine Lust. Man hat nicht immer Lust, klärende Gespräche zu führen, auch bei starken negativen Affekten nicht. Manchmal hat man einfach nur Lust, eine Pizza zu werfen.

Auch in diesem Punkt unterscheidet sich unser Ansatz von zahlreichen anderen Ratgebern für gelingende Kommunikation. In unseren Augen muss man nicht immer friedfertig sein. Man darf auch einmal mitteilen, wo die eigenen Grenzen liegen. Das muss auch nicht in einem gekünstelten psychologischen Tonfall geschehen: «Du, ich muss dir was sagen, ich spüre jetzt Wut in mir!» Es ist erlaubt, einfach mal sauer zu sein und eine Pizza zu werfen. Wir sind der Meinung, dass ein Pizzawurf zur rechten Zeit BP2 deutlich machen kann, dass hier eine Grenze überschritten wurde und dass sie sich mit BP1 neu synchronisieren muss, wenn sie gut mit ihr auskommen will.

Ich schrieb Guido folgende Antwort-Mail:

> *lieber guido,*
> *also hallo, das geht so nicht.*
> *wenn du 1.5 stunden zeit hast, wieso fragst du mich dann, auf was du dich BESCHRÄNKEN sollst? 1.5 stunden sind ausreichend zeit, um ZRM zu erklären.*
> *was mir an deiner mail negativ aufstößt:*
> *bitte mal hilfe für meine präsi, kleiner tipp, mal schnell, wenn kurz zeit, kurzes feedback.*

> *jemandem eine präsentation zu bauen und dabei zu helfen, ein anliegen für eine bestimmte klientel in einer bestimmten zeit rüberzubringen, ist HÖCHSTES expertentum und VIEL ARBEIT. von mal eben mal kurz kann dabei keine rede sein, das ist die völlig falsche einstellung.*
> *und wenn man am mittwoch eine präsi hat und am samstag anfängt, sich über die präsi gedanken zu machen, wenn man noch keine parat hat, ist das eher kurzfristig.*
> *und wenn man diesen zeitdruck auf mich weitergibt und mir am Samstag um 11 uhr 56 schreibt, dass ich übers wochenende mal kurz einen tipp rüber beamen soll, dann geht das einfach nicht.*
> *soweit mal hierzu.*
> *jetzt hab ich erstmal wochenende.*
> *liebe grüße, maja*

In dieser E-Mail sind vermutlich einige Ungerechtigkeiten, einige Unterstellungen, möglicherweise auch falsche Hypothesen; aber wenn man beschließt, eine Pizza zu werfen, dann besteht die wichtige momentane Aktivität im Pizzawurf. Verstehen und klären kommt dann später. Wenn man eine Pizza wirft, dann geht man auch das Risiko ein, dass BP2 beleidigt ist oder verschnupft, dass BP2 einige Dinge geraderücken muss, man geht auch das Risiko ein, sich selbst entschuldigen zu müssen. Aber damit lässt es sich leben. Die Pizza zu werfen ist genau das, was im Moment authentisch und richtig ist, alles andere wäre vulgärpsychologische Heuchelei.

Wir unterscheiden beim Pizzawerfen zwischen zwei unterschiedlichen Verfassungen, in denen die Pizza geworfen wird. Es gibt

(1) den impulsiven Pizzawurf und
(2) den strategischen Pizzawurf.

Der impulsive Pizzawurf ist der, von dem wir bei Jochen und Klaus erzählt haben, er vollzieht sich live zwischen zwei Interaktionspartnern. Der strategische Pizzawurf ist das, was ich als Reaktion auf Guidos E-Mail geschildert habe. Bei einem strategischen Pizzawurf habe ich mich persönlich dazu entschlossen, meinen negativen

Affekt embodied an BP2 weiterzuleiten. Damit lebe ich mit dem Risiko, eine Pizza zurück zu kriegen. Wer eine Pizza wirft, darf nicht zimperlich sein, Pizzawerfen ist nichts für Feiglinge.

Wohlgemerkt! Mit unserer Ansicht, dass es auch Momente gibt, in denen man sich bewusst dafür entscheidet, eine Pizza zu werfen, soll nicht einem primitiven allgemeinen Kampfgetümmel das Wort geredet werden. Selbstverständlich sind wir der Meinung, dass man besser miteinander auskommt, wenn man grundsätzlich nach Synchronie sucht. Aber – manchmal, ab und zu – geht es einfach nicht anders, da muss die Pizza sein. Sonst verliert der eigene Standpunkt an Wert, und die eigene Identität verschwimmt und verschmilzt in der Synchronie.

Ohne dass es explizit ausgesprochen wird, haben viele Menschen die Vorstellung, dass gelingende Kommunikation immer mit Friedfertigkeit einhergehe. Woher diese Idee kommt, lässt sich wissenschaftlich nicht eruieren. Wenn jedoch, wie bei uns, von Embodied Communication die Rede ist, gehören zum Körpergeschehen auch ganz klar die negativen Affekte. Und mit denen muss man nicht immer nur friedfertig und rational umgehen. Jack Nicholson verkörpert in vielen seiner Rollen einen Grantler, der es sich erlaubt, griesgrämig, ungerecht und schlecht gelaunt zu sein. Er verkörpert allerdings auch immer Personen, die nicht anfangen zu heulen, wenn sie umgekehrt eine Pizza kassieren. Man muss nicht stets adrett, einfühlsam, verständnisvoll und vernünftig sein, so unsere Meinung. Im Gegenteil. Wir glauben, dass es vielen Beziehungen guttun würde, wenn ab und zu zum rechten Zeitpunkt einer den Mut hätte, eine Pizza zu werfen.

4. Kapitel: Wenn ich jemandem etwas Gutes tun will

In diesem Kapitel befassen wir uns mit den positiven Aspekten von Kommunikation: mit der Liebe, der Zuwendung und dem Wunsch nach Fürsorge. Wir behandeln die Fragestellung, was jemand tun kann, der einer anderen Person etwas Gutes tun will. Dieser Wunsch kann in vielen verschiedenen Kontexten auftauchen. Natürlich haben Liebespaare den Wunsch, sich gegenseitig etwas Gutes zu tun. In Familien besteht normalerweise bei allen Familienmitgliedern der Wunsch, einander zu hegen und zu pflegen. Vielleicht wird das oft nicht unbedingt adäquat in die Tat umgesetzt, aber man kann das als grundlegendes Bedürfnis ohne weiteres voraussetzen, ohne allzu falsch zu liegen.

Eine Pflegekraft im Krankenhaus, die eine wegen einer Krebsdiagnose verzweifelte Patientin betreut, verspürt den Wunsch, etwas Gutes zu tun. Eine Schwimmtrainerin, die ein begabtes Mädchen ermutigen möchte, sich für einen Wettkampf anzumelden, möchte Mut zusprechen. Der Lehrer möchte helfen, der in seiner Sprechstunde eine völlig überlastete alleinerziehende Mutter vor sich sitzen hat, die auf die Mitteilung, dass die Versetzung ihres Sohnes gefährdet ist, in Tränen aufgelöst nur noch stammeln kann. «Ich schaff das nicht mehr, ich schaff das nicht mehr». Auch die Frau an der Hauptinfo im Baumarkt mit dem ärgerlichen Kunden vor sich, dem man nach vier Wochen Wartezeit (und Bauverzögerung) die falsche Sorte Fliesen geliefert hat, möchte beruhigend und besänftigen auf ihn einwirken – sie möchte ihm etwas Gutes tun.

So verschieden die Anlässe auch sein mögen, immer wieder kann Kommunikation dazu eingesetzt werden, bei einem Gegenüber, dem man etwas Gutes tun will, entweder negativen Affekt herunter zu regulieren, positiven Affekt hoch zu regulieren oder beides zusammen. Was ist die Basis eines solchen Unterfangens? In der Kanaltheorie geht man davon aus, dass zunächst ein Vorgang erfolgen muss, der «verstehen» heißt, bevor hilfreiche Maßnahmen gemeinsam mit dem Gegenüber in die Wege geleitet werden können. Die Idee ist, dass die Person, die helfen will, verstehen muss, worum es der anderen Person, der geholfen werden soll, im Grund geht. Hierzu stehen zum Beispiel vier Ohren zur Verfügung, mit denen die Nachricht der hilfsbedürftigen Person gesendet, dechiffriert und verstanden werden kann. Wurde dieser Vorgang erfolgreich absolviert, kann BP1, die helfen will, adäquat reagieren.

Nun ist das mit dem Begriff des Verstehens so eine Sache. Aus der Sicht der Embodied Communication funktioniert das Verstehen überhaupt nicht in dieser althergebrachten Weise. Es ist wichtig, sich die theoretischen Überlegungen des EC-Modells zur Rolle des Verstehens gut zu vergegenwärtigen. Von diesem theoretischen Grundverständnis hängt es ab, welche Art von Intervention als erfolgversprechend zu empfehlen ist. Aus diesem Grund erlauben wir uns zunächst einen kurzen Exkurs zum Thema «verstehen».

Verstehen aus der Sicht der Embodied Communication

Das harmlose Wort «verstehen» hat viele Bedeutungen. Im Zusammenhang mit Kommunikation ist es besonders schillernd. Ich (Wolfgang Tschacher) erzähle zum Beispiel einem Freund am Telefon vom Verlauf meines gestrigen Abends, als ich auf einer Party Connie traf, eine gemeinsame gute Bekannte. Wie ich eine Pause im Erzählfluss einlege, sagt mein Freund am Telefon – nichts. Also frage ich mich und ihn: «Hast du verstanden?»

Diese Frage kann nun sehr vieles bedeuten. Erstens: War meine Stimme laut und verständlich genug, wurde ich also akustisch im Telefonhörer verstanden? Zweitens: Hat er meine Worte nicht nur korrekt gehört, sondern auch den Inhalt meiner Erzählung gehört, also verstanden, was gestern so alles passierte? Drittens: Habe ich ihn etwa mit irgendwas in meiner Schilderung gekränkt, war ich taktlos wegen Connie? Dabei verstehen wir uns doch eigentlich immer gut!

Die konventionelle Kommunikationstheorie würde das *Verstehen*, das sich in unserem Telefongespräch einstellt oder eben auch nicht, über die verschiedenen Ebenen einer real existierenden «Botschaft» betrachten: erstens über die physikalisch-akustische Verständlichkeit, mit der eine Botschaft über einen verrauschten Kanal (die Telefonleitung) reiste; zweitens über die Inhaltsebene der Botschaft; und drittens über die Beziehungsebene, also meine Freundschaft zum Botschaftsempfänger.

Schon von der Theorie her haben wir grundlegende Zweifel, was diesen Verstehensbegriff angeht. Die konventionelle Kommunikationstheorie suggeriert nämlich offensichtlich, dass es eine objektive und unveränderliche Botschaft *gibt*, an deren Entschlüsselung wir fleißig arbeiten müssen. Wissenschaftlich gesehen ist diese Vorstellung aber naiv, auch wenn wir noch so viele Aspekte und Ebenen dieses Dings «Botschaft» unterscheiden. Dieses «Ding» ist nicht auffindbar.

Was ist unsere Alternative zu der Illusion, irgendwo existiere eine reale Botschaft? Und was bedeutet dann «verstehen»? Das Modell der Embodied Communication, das wir in Kapitel 1 und 2 eingeführt haben, führt zur Erkenntnis, dass Kommunikation etwas ist, das die BPs mit jeder Interaktion jeweils immer neu erzeugen und verhandeln. In einem komplexen Prozess bildet sich aus vielen Elementen, von denen die meisten unbewusst sind und bleiben, lediglich eine vorübergehende und flexible Struktur heraus. Diese aus dem Prozess entstehende Struktur ist die Kommunikation, die ganz undingliche Eigenschaften hat: Sie kann sich mit jedem Mal, mit jedem neuen Durchgang wieder verändern!

Nach dem EC-Modell ist es also ein vergebliches Unterfangen, das Prinzip von Kommunikation zu begreifen, indem man verschiedene Ebenen der «Botschaft» analysiert. Es ist ein wenig so wie Ostereier suchen, die keiner versteckt hat. Es ist wie mit Netzen Wasser fischen.

In der psychologischen Forschung stieß man in ganz ähnlichen Gebieten auf genau die gleichen Probleme mit den fließenden Strukturen. Ein schönes Beispiel ist die Augenzeugenforschung, bei der es darum geht, die Wahrheit der Berichte von Menschen, die Augenzeugen einer Szene waren, zu bestimmen. Es stellte sich heraus, dass sich diese Berichte deutlich verändern können, wenn sie etwa mehrmals abgefragt oder von verschiedenen Personen erfragt werden. Es ist auch möglich, Menschen mit Tricks bestimmte Szenen, die faktisch nie stattgefunden haben, ins Gedächtnis zu schmuggeln. Die vermeintlichen Augenzeugen waren dennoch davon überzeugt, dass es sich um einen verlässlichen Teil ihres Gedächtnisspeichers handelt. Viele ähnliche Forschungsbefunde haben dazu geführt, die Theorie aufzugeben, dass das Gedächtnis ein Speicher von Informationen wäre. Das Gegenteil ist der Fall, die Gedächtnisinformation beziehungsweise der Augenzeugenbericht wird jedes Mal wieder neu erzeugt. Es wird kein Gedächtnisinhalt aus einem «Speicher» abgerufen. Erinnerung ist das, was ich in der Gegenwart, hier und jetzt, neu erzeuge – und das gilt nicht nur für notorische Lügner, sondern auch für uns meist wahrheitsliebende Zeitgenossen.

Mit den Begriffen der Selbstorganisationstheorie formuliert, verhält es sich mit der Botschaft und der Kommunikation ganz genau so wie mit der Erinnerung und dem Gedächtnis: Bei Botschaften handelt es sich nicht um Informationspakete, die fix und fertig verschickt werden, und Erinnerungen können nicht einfach aus einem Speicher geholt werden. Ganz im Gegenteil: Erinnerungen sind stets Strukturen, die in einem Prozess immer wieder neu hergestellt werden. Und Botschaften sind ebenso sich fortlaufend verändernde Strukturen im Fluss der Kommunikation.

Was bedeutet das für unser Problem, die Kommunikation eines anderen Menschen wirklich zu verstehen? Es bedeutet jedenfalls nicht, die gesendete Botschaft auf allen Ebenen und detailgetreu zu erfassen und in ihrem Kern zu analysieren. Denn: Es gibt keine Botschaften in irgendeinem dinghaften Sinn. Das ist auch gut so: Kein normaler Mensch wäre imstande, während einer Kommunikation drei oder mehr verschiedene Ebenen der «Botschaft» im Blick zu behalten. Und nachträglich, per Metakommunikation, die Ebenen mit dem Kommunikationspartner durchzudiskutieren ist fast immer vergebens. Metakommunikation, wenn es denn sein muss, ist eine Aufgabe für Spezialisten, für Psychotherapeuten und Shrinks! Sie funktioniert während der laufenden Kommunikation praktisch nie. Lassen Sie besser die Finger davon.

Stattdessen: Verstehen im Sinne des EC-Modells stellt sich ein, wenn die BPs in Kontakt sind und ein **Stimmigkeitsgefühl** entsteht (Hansch, 2006). Verstehen definieren wir im EC-Modell eher als affektiven Vorgang zwischen Kommunikationspartnern denn als Einsicht in den wahren Inhalt von Botschaften. Stimmigkeit bedeutet, dass BP1 und BP2 Synchronie erzeugen, und zwar sowohl auf körperlicher nonverbaler Ebene als auch auf geistiger Ebene. Geistige Synchronie ist dann gegeben, wenn BP1 und BP2 gemeinsam getragene Bedeutungen entwickeln, also eine gemeinsame Geschichte entstehen lassen, die für beide Sinn hat. Erkennbar ist das häufig daran, dass die BPs eine gemeinsame Sprache und zunehmend dieselben Worte verwenden: an der verbalen Synchronie. Zu den Stimmigkeitszeichen gehört auch die Art des Sprechens: Synchronie zeigt sich daran, dass Personen mit derselben Sprachmelodie kommunizieren, sich in der Tonhöhe ihrer Stimmen, in der Lautstärke und in der Sprechgeschwindigkeit aneinander angleichen. Körperlich gleichen sich BPs in Gestik, Mimik und Körperhaltung an, wenn sie synchron werden.

Das AAO-Geschenk

Wir haben uns auf Folgendes geeinigt: Aus Sicht der Embodied Communication macht der herkömmliche Begriff des Verstehens bei der Zielvorgabe, ein Gespräch in hilfreiche Bahnen zu lenken, keinen Sinn.

Wie bereits theoretisch erläutert ist auch aus praktischer Sicht festzuhalten: Es gibt das Gefühl der Verstandenwerdens. Dieses Gefühl ist das Kernelement jeder erfolgreichen Kommunikation. Wie kommt dieses Gefühl des Verstandenwerdens aus der Sicht des EC-Modells zustande? Es entsteht jedenfalls *nicht* durch Dechiffrieren, wie die Kanaltheorien es postulieren, sondern es erfolgt durch gelungene Synchronisierung der an der Interaktion beteiligten Personen. Diese Synchronisierung führt zu einem Gefühl, nämlich dem Stimmigkeitsgefühl. Dieses Stimmigkeitsgefühl ist es, das in der Alltagssprache und im EC-Modell mit dem Begriff «verstehen» bezeichnet wird.

Wenn ich Verstehen erzeugen will, brauche ich dieses Stimmigkeitsgefühl. Das Stimmigkeitsgefühl wiederum entspringt einer erfolgreichen Synchronisierung. Es stellt sich nun die Frage: Kann ich eine solche Synchronisierung gezielt und absichtlich herbeiführen? Auf diese Frage hat das EC-Modell eine klare Antwort: Techniken, die einfach darauf abzielen, Körperbewegungen des Gegenübers zu imitieren, wirken schnell unauthentisch, gekünstelt und manipulativ. Wir raten davon ab.

Sowieso gilt generell für den Versuch, ein Stimmigkeitsgefühl aktiv in einem Gegenüber zu erzeugen: Weniger ist mehr. Statt starrer Regeln und Rezepte für gelingende Kommunikation stellen wir im Folgenden die Randbedingungen für authentische Synchronie und gegenseitiges Verstehen vor. Aus Sicht der Theorie der Selbstorganisation (siehe Kapitel 2) haben wir keine Kontrollmöglichkeit über unser Gegenüber und den Verlauf der Kommunikation. Wir können lediglich uns selbst steuern (hoffentlich). Wir können uns selbst in eine Verfassung bringen, die es erlaubt, dem Gegenüber optimale Randbedingungen zu schaffen, damit sie oder er sich selbst neu organisieren kann, um so möglicherweise in eine andere Affektlage zu kommen. Eine geglückte Kommunikationskette beginnt also bei uns.

Für die Schaffungen von optimalen Randbedingungen empfehlen wir: Machen Sie dem Gegenüber das AAO-Geschenk.

Das AAO-Geschenk hat folgenden Inhalt:

(1) **A**ufmerksam sein (auf die Situation, auf die eigenen Affekte und auf die des Gegenübers)

(2) **A**ugen auf (Wechsel zwischen direktem Blickkontakt und peripherem Gesichtsfeld)
(3) **O**hren auf (zwei Ohren genügen, aber die wirklich offen).

Das AAO-Geschenk genügt, um optimale Randbedingungen für ein Stimmigkeitsgefühl und gelingende Selbstorganisation zu schaffen. Sie müssen nicht *mehr* tun – aber auch nicht *weniger*! Schauen wir uns den Inhalt des AAO-Geschenks einmal genauer an.

Aufmerksam sein

Jemand, der einer anderen Person etwas Gutes tun will, muss ihr zunächst die volle Aufmerksamkeit schenken. Aufmerksamkeit betrifft drei Komponenten: die Situation, die eigenen Affekte und die Affekte des Gegenübers. Aufmerksam auf die Situation sein heißt, sich willentlich und wirklich auf das Gegenüber konzentrieren. Nicht nebenbei noch das Handy im Blick haben, nicht während des Gesprächs mit dem hübschen Kellner flirten, nicht aus dem Fenster gucken und zählen, wie viele Meisen auf dem Meisenknödel sitzen. Im Hier und Jetzt anwesend sein, nicht mit den Gedanken in der Vergangenheit und auch nicht in der Zukunft. Meditationstechniken und Achtsamkeitsübungen schulen diese Art, Situationen zu erfassen und in sich aufzunehmen. Ein Mensch, dem Aufmerksamkeit in dieser Form geschenkt wird, fühlt sich gut. Aufmerksamkeit und die damit verbundene Zeit, die man in das Gespräch investiert, sind wertvolle Ressourcen, das ist instinktiv spürbar.

Aufmerksam sein betrifft nicht nur die Situation, sondern auch die eigene Person, genauer gesagt, die eigenen Affekte, das Embodiment, das die Interaktion in mir auslöst. Wie sitze ich, wie stehe ich, wie fühle ich mich gerade? Was bewirken die Aktionen des Gegenübers in meinem Körper? Wir empfehlen hier ein begleitendes Gewahrsein der eigenen Befindlichkeit eher an der Peripherie der Aufmerksamkeit, kein hypochondrisch-zwanghaftes Beschäftigen mit ihr. Die Aufmerksamkeit auf mich selbst hat den Zweck, das mittlere Synchronisierungsniveau zu halten, von dem wir in Kapitel 2 gesprochen haben. Ein Psychotherapeut, der mit einer kriegstraumatisierten Frau arbeitet, kann sich nicht in die volle Synchronie mit ihr begeben. Er könnte nicht mehr therapeutisch wirken. Die Aufmerksamkeit auf die eigene Befindlichkeit erlaubt ihm sich zurückzuziehen, wenn die Synchronie zu groß wird.

Natürlich gilt die Aufmerksamkeit auch dem Gegenüber. Wir erinnern daran, dass die Bedeutung von Wörtern im psychischen System über körperliche Erinnerungen aufgebaut wird. An die körperlichen Erinnerungen sind wiederum Affekte gekoppelt, die permanent Bewertungen abgeben. Weil dieser Vorgang körperlich verläuft, ist er gut zu beobachten. Voraussetzung ist natürlich, dass das Gegenüber nicht versucht, wie ein Pokerspieler hinsichtlich seiner Affekte zu täuschen. Gewinnt man in einer Interaktion den Eindruck, dass das Gegenüber gerade täuscht, kann man sich überlegen, ob es erfolgversprechend ist, auf die Metaebene zu wechseln: «Du sagst zwar, dir geht es tiptop, aber du wirkst auf mich eigentlich eher angeschlagen. Kann das sein?» Hier kann man sich an den deutlich sichtbaren negativen Affekten, die das Gegenüber ausstrahlt, gut orientieren.

Augen auf

Die zweite Randbedingung, welche die Wahrscheinlichkeit für gelingende Synchronie erhöht, betrifft die Augen. Da Synchronie zu einem großen Teil auch körperlich stattfindet, muss das Gegenüber natürlich sichtbar sein. Zwei Gesprächspartner, die sich den Rücken zudrehen, können sich nicht gut synchronisieren, weil ihnen der optische Eindruck fehlt. Wir sagen: Optischer Input ist eine der wichtigsten Bedingungen, damit Synchronie entstehen kann. Dies trifft insbesondere dann zu, wenn man einem Gegenüber, das man nicht gut kennt, etwas Gutes tun will. Das ist beispielsweise in Arztpraxen der Fall, in Einzelhandelsgeschäften betrifft es das Beschwerdemanagement, in Banken das Schalterpersonal und im Zug den Schaffner und die Schaffnerin. In langjährigen Liebesbeziehungen, in denen ein gemeinsamer Schatz von Worten, Gesten und deren Bedeutungen entwickelt wurde, kann man sich auch mal schnell aufeinander einstimmen, ohne sich stundenlang anzustarren. Grundsätzlich jedoch ist man auf der sicheren Seite, wenn man sich die Zeit nimmt, sein Gegenüber anzublicken.

«Ha! Da haben wir's!», ruft Eduardo, der Inhaber einer Boutique für Hundemode. «Darüber streite ich seit Jahren mit meinem Harald! Sie müssen wissen, er verdient sein Geld als Coach und hat schon diverse Ausbildungen gemacht. Und irgendwo hat er gelernt, dass es nichts ausmacht, wenn das Gegenüber einen beim Reden nicht anschaut, sondern wegschaut. Dann würde das Gegenüber die Botschaft auf einem anderen Kanal verarbeiten. Manche Menschen seien eher Experten auf dem Sehkanal, andere müssten in den Gefühlskanal, um Botschaften zu verstehen. So ungefähr geht die Theorie, soweit ich sie als Laie verstanden habe.»

Ach, das ist ja eine interessante Theorie. Und warum regt Eduardo sich über diese Theorie so auf?

«Weil Harald mich nie anschaut, wenn ich ihm etwas erzählen will! Er schaut immer weg oder macht irgendwelche anderen Dinge, behauptet aber, er könne so prima zuhören, und er sei eben der Gefühlstyp. Ob Sie es glauben oder nicht, es ist schon vorgekommen, dass ich mich direkt vor ihm aufgebaut habe und ihm befohlen habe, mich jetzt sofort anzuschauen! Das habe ich schon immer im Instinkt gehabt, dass der Blickkontakt wichtig ist, wenn ein gutes Gefühl bei der Kommunikation entstehen soll!»

Da hat Eduardo völlig Recht, am besten legt er seinem Harald dieses Buch, bei Kapitel 4 aufgeschlagen, auf den Nachttisch. Ohne Blickkontakt ist körperliche Synchronie deutlich erschwert.

Der mittlerweile leider verstorbene große Dirigent Claudio Abbado war bei den Orchestern, mit denen er gearbeitet hat, über die Maßen beliebt. Als er gestorben war und einzelne Musikerinnen und Musiker Interviews gaben, konnte man sehen, dass viele von ihnen Tränen in den Augen hatten und mit echter Ergriffenheit von der besonderen Magie sprachen, die Claudio Abbado ausgestrahlt habe. Er habe nie viel gesprochen, so der allgemeine Tenor. «Langsamer» und «noch einmal» seien die zwei Phrasen gewesen, die er am häufigsten benutzt habe. Ansonsten habe er alle Anweisungen durch Gestik gegeben – ein Meister der Embodied Communication! Abbado hatte offenbar auch die Partituren völlig embodied, denn er dirigierte stets gänzlich ohne Noten.

Claudio Abbado; Foto: Cordula Groth

Durch seine Art des Dirigierens schaffte er es, so die Musikerinnen und Musiker, aus jedem einzelnen im Orchester das Beste herauszuholen. Sein motivierender Führungsstil war so legendär, dass man sich an der Universität St.Gallen wissenschaftlich mit den Methoden beschäftigte, mit denen Abbado das Lucerne Festival Orchestra zu Höchstleistungen brachte (Kloeckner et al., 2011). Da er nicht viel sprach, musste der Meister es irgendwie anders hinbekommen haben. Abbado selbst äußerte auf eine entsprechende Frage in einem Interview sinngemäß: «Ich gebe jedem Mitglied des Orchesters das Gefühl, dass ich es anblicke. Ich blicke jeden an.»

Uns hat diese Aussage sehr gefallen, sie passt zu dem, was wir mit unserer Idee der Randbedingungen für gelingende Synchronie ausdrücken möchten. Abbado hat – im Gegensatz zu Karajan – nicht im Befehlston mit den Berliner Philharmonikern kommuniziert. Auf der einen Seite hat er den einzelnen Interpreten größtmögliche Freiheit gelassen, um sich selbst in der Musik zu entfalten. Auf der anderen Seite aber hatte er jeden einzelnen und jede einzelne im Orchester im Auge. Damit konnte er auch die größten Orchester synchronisieren.

Wie hat man sich nun das Augen-Geschenk konkret vorzustellen? Selbstverständlich soll man sich nicht vor jemanden hinsetzen und dem armen Menschen in die Augen starren, wie es viele Hunde tun, wenn sie finden, es wäre Zeit, dass Frauchen oder Herrchen ein Leckerli springen lässt.

Nein, die Art und Weise, wie das Augen-Geschenk überreicht wird, entspricht in der Tat viel mehr den Bewegungsmustern eines Dirigenten. Wir empfehlen hierzu, die Stühle in einem Winkel von ungefähr 130 Grad aufzustellen, also zwischen frontal gegenüber und rechtwinklig. Wenn das Gespräch im Stehen stattfindet, sollte man sich nicht frontal vor dem Gegenüber aufbauen. Man kann sogar – wie es manche Verkäuferin hinter der Theke machen muss – in Bewegung sein, es sollte jedoch sichergestellt sein, dass immer wieder der Blick auf das Gegenüber fallen kann. Findet das Gespräch in einer Sitz-Situation statt, wie das zum Beispiel bei der Psychotherapie der Fall ist, kann der Blick ruhig vom direkten Fokussieren zur peripheren Wahrnehmung am Gesichtsfeld wechseln. Als eigener Maßstab für einen angemessenen Blick kann hier die Aufmerksamkeit auf die eigenen Affekte eine große Hilfe sein. Der Blickkontakt sollte sich angenehm anfühlen, für alle beteiligten Personen.

Ohne Blickkontakt ist (körpersprachliche) Synchronie also schwer zu erreichen. Aber es gibt auch Ausnahmen, etwa beim Telefonieren. Blicke sind dann ausgeschlossen, aber die Stimmigkeit der Kommunikation kann in der Synchronie des Sprechens der beteiligten Personen zum Ausdruck kommen. Die Stimme besitzt viele körpersprachliche Qualitäten – Tonhöhe, Lautstärke, Melodie –, über die sich Personen synchronisieren. Nicht umsonst sind Stimme und stimmig verwandte Worte. Sie können also immer noch ein AO-Geschenk überreichen.

Ohren auf

Die dritte Randbedingung für gelingende Synchronie, die sich im AAO-Geschenk verbirgt, betrifft die offenen Ohren. Wenn wir von Ohren sprechen, meinen wir damit nicht die vier Ebenen der Kommunikation von Schulz von Thun, die er mit einer Ohren-Metapher eingeführt hat. Wir meinen einfach Ohren, zwei an der Zahl, die benutzt werden sollten, wenn man einem Gegenüber etwas Gutes tun will.

«Also okay, das mit dem Anblicken, das kann ich mir noch vorstellen, dass ich da drauf achten muss, aber hören tut man doch immer, das tu ich ja auch, wenn ich jemandem den Rücken zudrehe. Was gibt es denn da besonders zu beachten?», fragt Eduardo interessiert, der schon darauf brennt, Harald über das EC-Modell zu informieren.

Die Sache mit dem Hören ist gar nicht so einfach! Die meisten Menschen benutzen ihre Ohren nicht wirklich zum Hören. Sie benutzen ihre Ohren nur, um einen Stimulus zu bekommen, der ihnen dabei hilft, in Windeseile ihr inneres Theater zu betreten und eine eigene Geschichte zu entwickeln. Hat ihre eigene Geschichte dann einen gewissen Reifegrad erreicht, springen sie mit einer Blutgrätsche mitten in den Redefluss des Gegenübers und platzieren ihre eigene Version der Sache.

Für Nicht-Fußballspielende sei hier noch die Wikipedia-Definition einer Blutgrätsche eingefügt: «Von einer sogenannten Blutgrätsche spricht man, wenn mit voller Absicht der Gegenspieler getreten wird, ohne dass eine Chance besteht, den Ball zu treffen. Dies wird als grobes Foulspiel geahndet. Dem Foulenden kommt es dabei nicht darauf an, den Ball zu treffen. Da der foulende Spieler eine Verletzung seines Gegenspielers in Kauf nimmt, wird ein solches besonders grobes Foulspiel zumeist mit der Roten Karte geahndet.»[1]

Achten Sie mal auf die Blutgrätsche, wenn Sie das nächste Mal einer Interaktion beiwohnen! Beobachten Sie sich selbst und seien Sie ehrlich! Sind vielleicht Sie selbst ein Spezialist oder eine Spezialistin für Blutgrätschen? Wenn Sie mit jemandem sprechen, der Ihnen eine Blutgrätsche verpasst: Welche Affekte bewirkt das bei Ihnen?

Nach unserer Erfahrung löst jede Blutgrätsche einen Ärger-Affekt aus. Der kann je nach Situation in der Intensität variieren, Freude löst er jedoch in keinem Fall aus, das können wir Ihnen versichern. Und Sie wollen doch dem Gegenüber etwas Gutes tun! Also dann versetzen Sie sich in eine Verfassung, in der Sie sich in die Geschichte des Gegenübers hineindenken und hineinfühlen.

1 de.wikipedia.org/wiki/Grätsche_(Fußball)

Ihr eigenes inneres Theater ist in solch einer Situation zunächst einmal ohne Belang.

Denken Sie daran: Zuhören ist eine Intervention! Jemandem das Ohr leihen ist eine gute Tat! Die katholische Beichte funktioniert nach diesem Prinzip. Neben der Tatsache, dass einem katholischen Priester geheimnisvolle Kräfte zugeschrieben werden, die Menschen von der Sünde erlösen können, hat die Beichte als Methode sicher einen wichtigen psychologischen Effekt gerade durch das geliehene Ohr, in das ich meine Sorgen und mein schlechtes Gewissen hinein sprechen kann. Wenn ich jemandem mein Ohr leihe, muss ich gar nicht viel sprechen, ich muss keine Lösungen anbieten, keinen Trost spenden. Das Ohr leihen und auf Blutgrätsche verzichten ist ein Bestandteil der Embodied Communication, der die Wahrscheinlichkeit erhöht, dass im Gegenüber ein Stimmigkeitsgefühl entstehen kann.

Zu den allgemein bekannten Methoden der Kanaltheorie zählen Techniken wie das aktive Zuhören, der kontrollierte Dialog und das Paraphrasieren der Aussagen des Gegenübers. Was hat es mit diesen Techniken auf sich? Sind die völlig nutzlos? Abgesehen davon, dass es extrem penetrant sein kann, wenn jemand auf übertriebene Weise aktiv zuhört, oder dass man sich vom eigenen Sohn vermutlich eine glatte Abfuhr einfängt, wenn man vom Kommunikationsseminar nach Hause kommt und beim nächsten Konflikt versucht, den mit Paraphrasieren zu lösen («Verschon mich mit deinem Psychogetue, Dad!») – stellen diese Techniken auch aus der Sicht des EC-Modells keine schlechte Sache dar.

Mit dem EC-Modell können Sie beim Ohren-Geschenk auch mal nachfragen, wenn Sie das Bedürfnis verspüren (weil Sie ja aufmerksam auf sich selbst sind), über einen Sachverhalt mehr zu wissen. Wir gehen selbstverständlich davon aus, dass Ihre Frage in einer organischen Gesprächspause platziert wird und nicht als Blutgrätsche daherkommt. Aus der Sicht des EC-Modells sind Nachfragen nützlich, sie dienen jedoch einem anderen Zweck, als die Kanaltheorie ihn postuliert. Nachfragen dienen nicht dem besseren Aufnehmen einer Information. Wie wir eingangs dargelegt haben, ist diese

Idee des Verstehens aus unserer Sicht nicht förderlich für gute Kommunikation. Aktives Zuhören dient dazu, die eigene Geschichte im eigenen psychischen System mit der Geschichte des Gegenübers zu synchronisieren. Indem man Inhalte, die das Gegenüber erzählt, mit eigenen Worten wiedergibt, baut man dessen Geschichte in das eigene assoziative Netzwerk ein, und die Assoziationen werden ähnlich. Es entsteht eine gemeinsame Sprache. Ich frage also für *mich selbst* nach, um mich selbst einzuschwingen, *nicht*, um das Gegenüber zu *verstehen*. Ich frage nach, um meinen Beitrag zum Entstehen des Stimmigkeitsgefühls zu leisten.

Was ist der Vorteil, wenn man einem anderen Menschen das AAO-Geschenk macht und nicht länger versucht, ihn im Sinne einer Kanaltheorie zu verstehen? Tatsächlich hat solch ein AAO-Geschenk sofort eine körperlich spürbare Auswirkung: Die Interaktion ist enorm relaxt und entspannt. Der Leistungsdruck fällt augenblicklich weg. Es gibt kein Richtig und kein Falsch. Ideen für Lösungen kommen einfach in den Ideenkorb, es besteht kein Zwang, sich in die Riemen zu legen wie ein indischer Wasserbüffel und dem Gegenüber aus der Patsche zu helfen. Man übergibt das AAO-Geschenk und weiß, man hat das Bestmögliche getan, damit im Gegenüber ein schönes warmes, hilfreiches Stimmigkeitsgefühl auftaucht. So macht Helfen Spaß, am besten, Sie probieren es gleich aus!

Im folgenden Abschnitt haben wir einige Fallbeispiele für klassische Situationen zusammengetragen, in denen ein AAO-Geschenk oder einzelne Komponenten davon in unseren Augen nützlich sein können.

Fallbeispiele

Wenn jemand Angst hat

Beginnen wir mit dem Fall, dass jemand Angst hat. Als Beispiel hierfür ist uns der Arztbesuch eingefallen. Oft trifft man in einem Wartezimmer, ob in einer Praxis oder im Krankenhaus, Menschen an, die Angst vor dem Arztbesuch haben. Kürzlich saß ich (Maja Storch) zusammen mit anderen Leidensgenossen mit mulmigen, unangenehmen Gefühlen in einem Wartezimmer einer großen Gemeinschaftspraxis mit zahlreichen Gängen und Zimmern. Dort hatte ich ausgiebig Gelegenheit, das Verhalten der Ärztinnen und Ärzte sowie der Sprechstundenhilfen unter dem Aspekt der Embodied Communication zu beobachten.

Die Note, die ich für AAO-Geschenke vergeben hätte, wäre niederschmetternd schlecht gewesen. Entweder wurden die Wartenden über eine Lautsprecheranlage aufgerufen oder jemand brüllte vom Counter aus «Frau Riedmüller bitte!». Es kam auch vor, dass eine Sprechstundenhilfe den Raum betrat, aber keinen der Anwesenden anblickte (keine Augen), auch keinen Gruß für die Runde übrig hatte (keine Aufmerksamkeit), den Namen der Person, die an die Reihe kam, von einer Karteikarte ablas, sich auf dem Absatz umdrehte und wieder verschwand. Die Personen, die aufgerufen wurden, rafften eilig ihre Siebensachen zusammen und versuchten, der Sprechstundenhilfe hinterher zu hasten. Eine Omi verlor die Sprechstundenhilfe völlig aus dem Blickfeld und kehrte hilflos ins Wartezimmer zurück: «Wissen Sie, wo ich jetzt hin muss?», fragte sie mich. Ich ging schließlich mit der alten Dame zur Theke und gab bekannt, dass man sich verirrt habe und dass die Dame doch bitte von jemandem zum entsprechenden Untersuchungsraum begleitet werden solle.

Ich verbrachte – wohlgemerkt – in dieser Praxis zirka zwei Stunden, weil ich mehrere Untersuchungen zu absolvieren hatte. Ich hatte somit genügend Zeit, um zu beobachten, dass die völlige Abwesenheit von AAO-Geschenken kein einmaliger Ausrutscher einer gestressten Sprechstundenhilfe war. Nein, in dieser Praxis gehörte die Kommunikation ohne Augen und ohne Aufmerksamkeit zur Betriebskultur. Durch diesen Mangel an AAO wurden die Patienten in ihren negativen Affekten eindeutig nicht beruhigend abgeholt. Stattdessen fühlte man sich zu einer anonymen Nummer degradiert, ohne jegliche Individualität. Solch ein Setting ruft Gefühle von Einsamkeit und Verlassenheit hervor. Gefühle des

Aufgehobenseins, der Geborgenheit und des Vertrauens, die so dringend für den Heilungsprozess benötigt werden, entstehen in solch einer Umgebung nur schwerlich. Entsprechend unangenehm war dann für mich auch das Gespräch mit der Ärztin. Ich fühlte mich einfach nicht wahrgenommen. Wenn ich es mit einer Ärztin zu tun habe, die dauernd in ihren Computer starrt und auf die Tastatur haut, anstatt sich mit mir zu beschäftigen und mir wenigstens eine kleine Dosis AAO zu gönnen, dann geht es mir nicht gut.

Kann diese Arztpraxis mit Hilfe des Wissens über das EC-Modell und das AAO-Geschenk ihre Kultur ändern?

Klar, kann sie das, und zwar per sofort, völlig ohne teure Hilfe von Experten und Coaches. Das AAO-Geschenk muss gar nicht stundenlang verabreicht werden. Man muss den Patientinnen und Patienten nicht so viel Zeit widmen, dass die Praxis unrentabel arbeitet. Wir alle wissen, unter welchem Druck niedergelassene Ärztinnen und Ärzte stehen. Das wissen auch die meisten der anwesenden Patienten, da erwartet niemand unrealistische Betreuung. Ein AAO-Geschenk in solch einem Kontext kann aus einer Sekunde Blickkontakt bestehen, das genügt völlig. Wer sich dann noch die Zeit nimmt, um zu schauen, wer denn nun die gerade aufgerufene Frau Riedmüller ist, und in Ruhe abwartet, bis die Dame ihre Lesebrille eingepackt und ihre Handtasche im Griff hat, bevor man sie zum Sprechzimmer begleitet, der hat sicher nicht mehr als eine Minute Zeit investiert. Der Unterschied für die Affektlage der Patienten ist aus der Sicht des EC-Modells jedoch enorm.

Wenn jemand traurig ist

Ein wunderbares Einsatzgebiet für das AAO-Geschenk ist eine Situation, in der das Gegenüber traurig ist. Gründe, um traurig zu sein, gibt es unendlich viele: Man musste die geliebte Katze beim Tierarzt von ihren Schmerzen erlösen lassen, man hat Liebeskummer, man hat die Prüfung vermasselt, man hat nach der dritten künstlichen Befruchtung wieder die Menstruation bekommen und weiß, dass der Kinderwunsch auch diesmal wieder nicht erfüllt werden wird. Immer wieder treffen wir Menschen, die traurig sind und denen wir gern etwas Gutes tun würden.

«Also, ich würde ja gern helfen, aber ehrlich gesagt, weiß ich in solch einer Situation nie, was ich sagen soll. Ich habe keine Ahnung, wie ich eine Person, die etwas Schlimmes erlebt hat, trösten soll. Darum, das muss ich gestehen, habe ich schon öfter solch eine Gesprächssituation vermieden oder abgekürzt, aus purer Hilflosigkeit.» Solche Aussagen hören wir oft.

Dabei ist es so einfach, mit einem AAO-Geschenk ganz entschieden dazu beizutragen, dass es der Person mit dem schlimmen Schicksal ein kleines bisschen besser geht. Aufmerksam sein heißt in so einem Fall einfach, Zeit zur Verfügung zu stellen. «Wollen wir einen Spaziergang rauf zur Rabenhöhe machen? Dort hat es doch die kleine Bank, da können wir eine Weile sitzen und du erzählst mir alles.» Augen auf versteht sich von selbst: Blicken sie die Person, die sie trösten wollen an, und meiden sie nicht den Blickkontakt. Auch wenn bei ihr gerade die Tränen kullern, das macht gar nix. Es tut gut, weinen zu können und zu spüren, dass das Gegenüber keine Angst davor hat. Und dann die zwei Ohren auf: Das bedeutet, dass Sie die Person einfach erzählen lassen. Denken Sie daran, wir haben darauf hingewiesen, dass es eine heilende Intervention ist, sein Ohr zu leihen. Niemand erwartet von Ihnen gute Ratschläge, bei vielen Schicksalsschlägen gibt es auch keinen Trost, zumindest nicht in der akuten Phase, später, irgendwann einmal – vielleicht. Der Mensch, der einem anderen traurigen Gegenüber momentan etwas Gutes tun will, muss einfach nur AAO schenken. Mehr ist gar nicht nötig. Dieses Wissen entlastet oft, so hören wir das immer wieder. Unterstützung bei Traurigkeit wird in erster Linie über den Körper erlebt, durch Anwesenheit und Ruhe und nicht über den Verstand und kluge Sprüche.

Wenn jemand ärgerlich ist

Wie geht man damit um, wenn das Gegenüber ärgerlich ist und ich ihm etwas Gutes tun will? Grundsätzlich steht – um in unserer Metaphorik zu bleiben – eine Person, die ärgerlich ist, mit einer

Pizza in der Hand parat, mehr oder weniger wurfbereit, je nach Intensität des Ärgers. Der BP1, die es mit einer wurfbereiten BP2 zu tun hat, stehen nun mehrere Optionen offen. Sie kann ebenfalls mit Pizzawurf reagieren, sie kann versuchen, mit Blutgrätsche die Kommunikation abzuwürgen und auf ein anderes Gleis zu bringen, oder sie kann ein AAO-Geschenk anbieten. Für welche dieser Optionen sich BP1 entscheidet, hängt völlig von der Situation ab. Man muss unterscheiden, ob BP1 professionell damit zu tun hat, ärgerliche Personen milde zu stimmen. In der Wirtschaftswelt nennt man das «Beschwerdemanagement». Oder ob BP1 eine ärgerliche Person im Bekanntenkreis beruhigen will – den Ehemann, die Ehefrau, den wutschnaubenden Nachbarn. In diesem Fall ist zu unterscheiden, ob der Ärger von BP2 in den Augen von BP1 berechtigt ist oder ob er nicht berechtigt ist. Je nachdem ergeben sich wieder verschiedene Optionen.

Man kann sich zur eigenen Orientierung folgendes Vierfelder-Schema vergegenwärtigen:

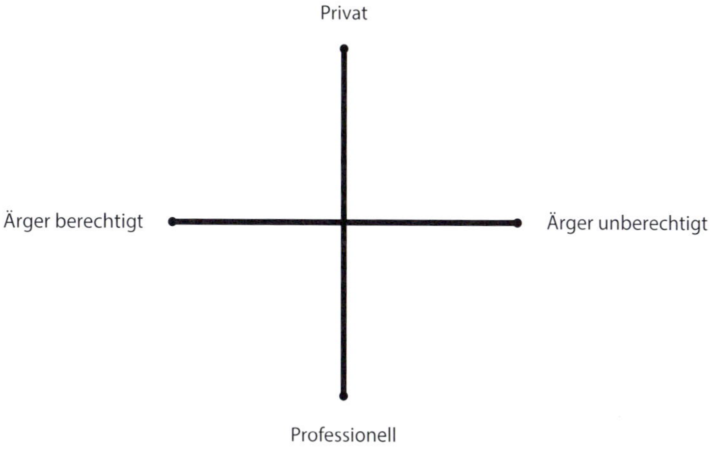

Zur Verfügung stehen folgende Optionen:

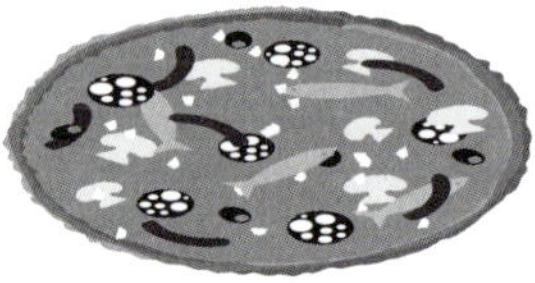

Hieraus ergibt sich eine Anordnung wie in der Übersichts-Abbildung dargestellt, die wir jetzt im Einzelnen anhand von Beispielen besprechen wollen. In der Abbildung bedeutet die Größe, in der jede Option eingezeichnet ist, jeweils die Empfehlung, die wir aussprechen. Ein großes Symbol bedeutet «dringend empfohlen», ein kleines Symbol bedeutet «Kann man zur Not einsetzen, wenn es gar nicht mehr anders geht».

Für den Umgang mit Ärger allgemein ist es hilfreich, sich den Embodiment-Aspekt dieser Affektlage zu verdeutlichen. Das Wort «Aggression» hat seinen Ursprung im lateinischen Verb «aggredi», was übersetzt soviel heißt wie: vorwärtsgehen, sich annähern. Jemand, der sich im Modus des «aggredi» befindet, will irgendwohin, er will etwas erreichen. Sei es, dass er im Baumarkt so schnell wie möglich das Regal mit den Doppelnutflanschen finden will, weil er endlich den tropfenden Wasserhahn reparieren möchte. Sei es, dass er in eine Parklücke fahren will und ein anderes Auto ihm den Weg versperrt. Sei es, dass er seine völlig unmotivierte Ehefrau für ein Familienwochenende auf dem Unimog-Testfahrgelände begeistern will, wo er selbst Unimog fahren darf und zwar durch

Übersicht über die Handlungsoptionen aus der Sicht von BP1 angesichts einer ärgerlichen BP2

tiefe Schlammlöcher. Egal, um welche Inhalte es geht, jemand, der ärgerlich wird, wurde bei etwas unterbrochen, auf das er zustrebt. Er sieht sich mit einem Hindernis konfrontiert. Und das löst in seinem Körper eine erhöhte Anstrengung aus, das Hindernis zu überwinden. Das ist die ursprüngliche Körperreaktion aus dem Tierreich, die unser Körper uns in solch einem Fall serviert.

Je stärker sich der negative Affekt im ärgerlichen BP2 schon entfaltet hat, desto weniger zugänglich ist BP2 momentan für Verstandesappelle. BP2 befindet sich im Arbeitsmodus eines Bulldozers, der ein Hindernis beseitigen möchte. Am besten hilft man solch einer BP2 mit dem AAO-Geschenk, denn dadurch signalisiert man auf einer ganz körperlichen und völlig nonverbalen Ebene, dass man mit ihr an der Beseitigung des Hindernisses arbeiten möchte.

Dies gilt insbesondere für den Fall, dass der Ärger von BP2 berechtigt ist. Natürlich gibt es auch Fälle, in denen es sich darüber streiten lässt, ob der Ärger von BP2 wirklich sein muss. Das normale menschliche Leben hält jedoch viele Beispiele bereit, in denen über die Ärger-Berechtigung von BP2 gar nicht diskutiert werden muss: Wenn man blaue Vorhänge bestellt hat und grüne bekommt; wenn man schon einen Tag ohne Internetanschluss ist und bei der Telefongesellschaft niemand die Hotline bedient; wenn man beim Friseur trotz Termin eine halbe Stunde warten muss. Dann werden Menschen ärgerlich und das zu Recht. Das Beste, was man als BP1 in so einem Fall tun kann, ist, das AAO-Geschenk zu überreichen.

Berechtigter Ärger im professionellen Umfeld

Ich (Maja Storch) war kürzlich in unserer Landmetzgerei, um die leckeren hausgemachten Maultaschen zu besorgen, die sie dort so trefflich zubereiten. Ich betrete den Laden, vor mir sind drei Personen dran, kein Problem, ich warte. Die Reihe ist an mir. In dem Moment ruft eine Kollegin der Verkäuferin von hinten aus dem Raum, wo die frischen Waren zubereitet werden: «Irmi, kommst du mal schnell?»

Aha, die Verkäuferin, die mich hätte bedienen sollen, heißt also Irmi, denke ich bei mir.

Irmi schenkt mir ein kleines Augengeschenk, das mir signalisiert, dass sie wohl weiß, dass ich schon lange warte und dass meine Wartezeit jetzt verlängert wird – und verschwindet nach hinten. Irmi hat mich besänftigt, bevor auch nur der Anflug eines Ärgers auftauchen konnte.

Kein Problem, das ist sicher etwas Dringendes da hinten. Nach einigen Minuten taucht Irmi aus den Tiefen des hinteren Raumes wieder auf, blickt mich an und will gerade den Mund öffnen, um mich zu fragen: «Was darf's denn sein?», da klingelt das Telefon. Offenbar hat Irmi Telefondienst. Sie schenkt mir wieder ein kleines Augengeschenk und nimmt das Telefon ab. Irgendein umständlicher Mensch gibt eine ungeheuerlich umfangreiche Bestellung für eine Jubiläumsfeier auf, das ist wirklich nicht einfach für mich. Das Warten beginnt mich zu ärgern, und ich überlege bereits, auf meine Maultaschen zu verzichten.

Endlich ist die Bestellung geklärt, und Irmi legt das Telefon auf.

«So, jetzt haben Sie aber lange warten müssen!», sagt Irmi und lächelt mich an. Unter dem Aspekt des AAO-Geschenks ist interessant, dass Irmi gar nichts weiter zu dem Vorfall gesagt hat. Sie hat nicht gesagt: «Entschuldigung», sie hat nicht gesagt «Man steckt halt nicht drin!» Sie hat auch sonst keinerlei Rechtfertigungsversuch unternommen. Sie hat des weiteren keinen Versuch unternommen, mich zu trösten. Sie hat mir nur ein AAO-Geschenk gemacht, indem sie mir signalisiert hat, dass sie mit ihrer Aufmerksamkeit bei mir war und registriert hat, dass ich lange warten musste.

Da ich ja – aufgrund der Arbeit an diesem Buch – für solche Interaktionen aufs Höchste sensibilisiert bin, registrierte ich bei mir auch sofort, dass bereits diese kleine Bemerkung von Irmi meinen gesamten Ärger in Luft auflöste.

«Nicht so schlimm!», sagte ich und meinte es wirklich ehrlich. Es war nicht mehr schlimm, und das hatte Irmi hingekriegt. Ich vermute mal, dass Irmi ein Naturtalent in Sachen AAO-Geschenke ist und dass sie diese Handlungsweise nicht in einem speziellen Kommunikationsseminar gelernt hat – auf dem Land gibt man normalerweise für so neumodische Sachen kein Geld aus.

Voll Bewunderung für Irmis Kommunikationsgeschick ging ich mit meinen Maultaschen zum Auto und beschloss, ihr in unserem Buch ein Kränzlein zu winden. Das Beispiel Irmi zeigt auf wunderbare Weise, wie schnell und unkompliziert auch berechtigter Ärger verrauchen kann, wenn BP1 geschickt damit umzugehen weiß.

Unberechtigter Ärger im professionellen Umfeld

Im professionellen Umfeld empfehlen wir unbedingt, immer mit dem AAO-Geschenk zu reagieren, auch wenn der Ärger der BP2 aus der Sicht von BP1 unberechtigt erscheint. Denn Beschwerdemanagement in Berufsleben muss man als professionelle Affektregulation betrachten. Es geht zunächst nicht so sehr darum, wie sich eine Beschwerde juristisch betrachten lässt (Recht und Unrecht), sondern darum, einen Menschen mit negativen Affekten gut abzuholen und durch die Art des Abholens, wie in folgendem Fall, an das Unternehmen zu binden. Aus dieser Perspektive liefert jede Beschwerde die Chance, einen neuen Stammkunden zu gewinnen! Und ein wichtiger Beitrag zu dem Unternehmen «Stammkunde» ist das AAO-Geschenk. Wir schauen uns hierzu ein Fallbeispiel an, bei dem die Kundenberaterin diesbezüglich viel falsch gemacht hat.

Kürzlich beobachtete ich (Maja Storch) in der Schalterhalle einer Schweizer Großbank folgende Interaktion: Eine alte Dame betrat die Schalterhalle und hatte ihr Kontokärtchen in der Hand. Sie schaute sich suchend um. Eine aufmerksame Kundenberaterin rief ihr zu:

«Kann ich Ihnen helfen?»

Die alte Dame antwortete: «Ja, gern, mein Kontokärtli funktioniert nicht!»

Offenbar hatte sie versucht, aus dem Geldautomaten, der an der Außenwand der Filiale angebracht war, Geld zu ziehen, und war bei diesem Versuch gescheitert.

«Zeigen Sie mir mal ihr Kärtli her, bitteschön.»

Bereitwillig streckte die alte Dame der Kundenberaterin ihr Kärtli hin.

«Aha, ist klar, dass das nicht geht, das ist das Kärtli vom letzten Jahr. Sie sollten ein neues bekommen haben!»

«Ich? Ich habe nichts bekommen, das ist mein Kärtli, ein anderes habe ich nicht!»

«Doch, doch, alle Kunden haben einen Versand bekommen, vor acht Wochen schon, mit den neuen Kärtli für das nächste Jahr.»

«Was reden Sie da, ich habe nichts bekommen!» Als aufmerksame Beobachterin konnte ich bemerken, wie ein negativer Affekt mit stark ärgerlicher Note in der alten Dame zu kochen begann.

«Moment, das kann ich Ihnen gleich sagen, ob das Kärtli an Sie raus ist. Ich schau mal im System.» Die Kundenberaterin wandte den Blick von der alten Dame ab und widmete ihre Aufmerksamkeit jetzt dem Bildschirm, dem Kontokärtli und der Tastatur.

Die alte Dame wartete, murmelte jedoch erboste Kommentare in ihren Pelzkragen: «Jaja, die sind wieder nicht schuld, immer sind die anderen schuld, dabei funktionieren die Kärtli sowieso nie, ist kein Geld im Automat, oder er spuckt die Karte wieder aus. Überall sparen sie ein, keine Schalter mehr offen, alles selber machen, und dann sind sie an nichts schuld, an nichts, und selber sacken sie sich Boni ein, von unserem Geld.»

Nachdem sie sich einige Zeit mit dem Computer beschäftigt hatte, hob die Kundenberaterin wieder den Blick und teilte der alten Dame mit: «Doch, hier steht es, am 28. Oktober ist Ihr neues Kontokärtli an Sie verschickt worden!»

«Aber wenn ich doch sage, ich habe nichts bekommen!» Der Ärger der alten Dame war jetzt auf der Affektbilanz ungefähr bei minus 80, würde ich schätzen.

«Dann haben Sie es sicher verlegt, oder es ist Ihnen unter einen Stapel Post gerutscht, also hier ist Ihr Kontokärtli auf jeden Fall rausgegangen, das steht hier im System!»

An dieser Stelle musste ich die Schalterhalle leider verlassen, weil ich mit meiner Sache fertig war und es unangenehm aufgefallen wäre, wenn ich die Interaktion weiter beobachtet hätte. Ich war aber auf jeden Fall glücklich über das, was ich mitbekommen hatte, denn es war ein prima Fallbeispiel für dieses Buch!

Ich bin überzeugt, dass die Kundenberaterin Recht hatte und dass die Schweizer Großbank mit Sicherheit an alle ihre Kundinnen und Kunden zum angemessenen Zeitpunkt das neue Kontokärtli verschickt hatte. Das ist helvetische Präzision. Ich bin ebenfalls überzeugt, dass die alte Dame vermutlich die Post übersehen oder verlegt hatte. In den Augen der Kundenberaterin war der Ärger der alten Dame also unberechtigt.

Was die Kundenberaterin jedoch völlig übersehen hatte: In dieser Interaktion ging es in erster Linie gar nicht darum, die Kärtliversende-Politik der Großbank zu verteidigen. Im Hinblick auf ein geglücktes Beschwerdemanagement wäre es in erster Linie darum gegangen, den negativen Affekt der alten Dame herunter zu regulieren. Das hat absolute Priorität. Hätte die Kundenberaterin der Dame das AAO-Geschenk gemacht, hätte sie registriert, dass die alte Dame einfach nur Geld holen wollte und sich mit der neumodischen Technik überfordert und unglücklich fühlte. Diese Wahrnehmung hätte sie zu einer völlig anderen Handlungskette veranlassen können. Sie hätte die Dame zum Schalter begleiten können, ihr dortselbst die benötigte Summe besorgen können und ihr außerdem in Aussicht stellen können, dass sie bald ein neues Ersatzkärtli zugeschickt bekommen würde oder dasselbe wahlweise bei ihr am Schalter abholen könne. Des Weiteren hätte sie ihr noch einen Rat geben können, wie sie in der Zwischenzeit, bis zum Erhalt des neuen Kärtli, an Ihr Geld kommen könnte.

In unserer Übersicht in der vorangegangenen Abbildung über die verschiedenen Handlungsoptionen in Ärger-Situationen ist zu sehen, dass wir im professionellen Umfeld auf jeden Fall das AAO-Geschenk ganz groß schreiben. Denken Sie daran: Jede geglückte Affektregulation bei einem ärgerlichen BP2 kann einen neuen Stammkunden generieren! Aus unserer Übersicht geht jedoch auch hervor, dass wir, in Ausnahmefällen, auch eine Blutgrätsche für angezeigt halten, wenn es gar nicht anders geht. Es gibt BP2, die einfach nicht aufhören, ihren Ärger zu artikulieren, auch wenn man sie extrem liebevoll mit AAO bedacht hat. Diese BP2 fallen aus klinisch-psychologischer Sicht oft bereits unter die Kategorie «Querulanten». Auch als professionell tätige Person kann man in solchen Fällen bei sich das Auftauchen von Ärger beobachten. Falls Sie bei sich so etwas feststellen, empfehlen wir, ab einer eigenen Ärger-Intensität von etwa 40 die Interaktion mit einer kleinen, feinen, höflich platzierten Blutgrätsche zu abzubrechen.

Eine höfliche Blutgrätsche kann darin bestehen, dass man die BP2 bittet, kurz zu warten, weil man diesbezüglich den Vorgesetzten einschalten müsse, denn die eigenen Kompetenzbefugnisse seien erschöpft. Man kann auch mitteilen, dass man das Thema jetzt für abgeschlossen betrachte, und nachfragen, ob BP2 mit der vorgeschlagenen Lösung einverstanden sei. Man kann auf die Uhr schauen und andeuten, dass man momentan leider keine Zeit mehr habe, um den Sachverhalt weiter zu erörtern, dass man aber gerne bereit sei, für nächste Woche einen Gesprächstermin zu vereinbaren, an dem man sich noch einmal ausführlich und in Ruhe unterhalten könne.

Wenn ich jemandem Liebe schenken möchte

Erinnern Sie sich noch an Karina und Rudi, von denen wir am Beginn dieses Buches erzählt haben? Sie haben sich ein gewaltiges Pizzawerfen geliefert, bei dem es um die Worte RESPEKT und EIFERSUCHT ging und bei dem sie zu keinem Ergebnis gekommen sind. Nun ist es Zeit, darüber zu sprechen, welche Möglichkeiten Karina und Rudi nach dem EC-Modell haben, mit ihrer Liebe sorgsam umzugehen. Wenn Karina und Rudi mit dem EC-Modell arbeiten würden, würden sie sich gegenseitig das AAO-Geschenk machen. Sie würden nicht davon ausgehen, dass einer von beiden weiß, was «wirklich» mit dem anderen los ist, sondern sie würden versuchen, miteinander in Synchronie zu kommen.

Wenn man zu zweit versucht, nach einem Pizzawerfen zu einer Verständigung zu gelangen, ist es zunächst für beide BPs empfehlenswert, sich die eigene Pizza einmal in aller Ruhe anzuschauen.

Die Analyse der eigenen Pizza ist die Voraussetzung dafür, dass die folgende Runde des Gesprächs, in der AAO-Geschenke überreicht werden, optimal genutzt werden kann. Zwischen dem Pizzawerfen und den AAO-Geschenken kann darum ruhig einige Zeit verstreichen, man kann sich gerne einen Tag Bedenkzeit nehmen. Wenn beide BPs gute Hypothesen gebildet haben, was die Gründe für ihre starken negativen Affekte betrifft, kann man sich zusammensetzen und sich mit AAO beschenken. Das AAO-Geschenk sollte sich ein Liebespaar immer nacheinander überreichen. Zuerst ist BP1 dran und BP2 gibt das Geschenk, dann ist BP2 dran, und BP1 gibt das Geschenk. Des Weiteren gehört zu diesem Ritual, dass das AAO-Schenken zeitlich begrenzt wird. Unserer Erfahrung nach genügen fünf Minuten pro Durchgang.

Warum empfehlen wir eine zeitliche Begrenzung in Fällen von Paarkonflikten? Es fällt einfach leichter, sich völlig auf ein Gegenüber einzustellen, mit dem ein heftiges Pizzawerfen vorausging, wenn man weiß, dass ein fester Zeitrahmen vorliegt. Wenn das Gegenüber unbegrenzt erzählen darf, ist die Gefahr zu groß, das sich negative Affekte wieder hochschaukeln und ein erneutes Pizzawerfen beginnt.

In den fünf Minuten, in denen BP1 die Aufmerksamkeit, die offenen Augen und Ohren von BP2 gewiss hat, darf BP1 alles erzählen, was sie BP2 gerne mitteilen möchte. Die Haltung, mit der BP1 erzählt und BP2 AAO schenkt, sollte darauf abzielen, die beiden Geschichten der beteiligten Personen zu synchronisieren. Es geht hier nicht darum, Recht zu haben oder im Besitz der Wahrheit zu sein, sondern es sollte unter Liebenden darum gehen, eine gemeinsame Geschichte zu entwickeln, die dazu beiträgt, ein weiteres Pizzawerfen zu der betreffenden Thematik überflüssig zu machen. Die Person, die ihre Aufmerksamkeit, Augen und Ohren zu Verfügung stellt, ist weitgehend schweigsam, sie kann lediglich bei einigen Worten oder Gedanken, deren Bedeutung sie nicht einordnen kann, nachfragen. Das Nachfragen dient hierbei dem Zweck, die Geschichte des Gegenüber sinnvoll in das eigene innere Theater einzubauen, um Synchronie zu ermöglichen.

Karina könnte zum Beispiel nach einigen Überlegungen zu ihrer Pizza folgende Erläuterungen abgeben, wenn sie von Rudi die fünf Minuten AAO-Geschenk erhält:

«Weißt du, ich habe so eine üble Scheidung hinter mir, dass es mir in den zwei Jahren sogar körperlich schon richtig schlecht ging. Ich bin normalerweise mit all meinen Ex-Männern auf gutem Fuß und hätte auf Dauer sehr darunter gelitten, wenn das diesmal nicht geklappt hätte. Darum bin ich sehr froh, dass wir uns jetzt wieder annähern, und ich möchte diese Annäherung unbedingt pflegen. Es vergällt mir das Leben, wenn ich mich mit jemandem in Feindschaft befinde. Du musst aber keine Sorge haben, ich habe wirklich nicht die Absicht, mit meinem Ex wieder was anzufangen, mir geht es ausschließlich um die gute Beziehung zu ihm.»

Rudi könnte in seinen fünf Minuten folgende Erläuterungen abgeben:

«Immer, wenn ich in deiner Wohnung bin, dann fühle ich mich einfach auf fremdem Terrain. Vielleicht hört sich das bescheuert an, aber ich bin dann wesentlich liebesbedürftiger, als wenn du mich bei mir daheim besuchst. Ich hab hier kein eigenes Zimmer, mein Computer ist nicht da, meine Couch nicht, meine Küche nicht und mein Fernseher nicht. Ich bin halt immer noch Gast, obwohl wir uns jetzt schon acht Monate kennen. Und in dieser Rolle bin ich einfach darauf angewiesen, dass man mich höflich behandelt. Wenn du mich besuchst, würde ich das niemals machen – so lange mit meiner Ex telefonieren und dich dann auch noch mit dem Fuß wegstoßen. Ich kam mir in dem Moment vor wie eine überflüssige Wanze, die man einfach nur loswerden will. Und das ist ein gewaltiges Minusgefühl, das kann ich dir sagen! Ich bin zu 100 Prozent sicher, dass ich nicht so empfindlich reagiert hätte, wenn sich das alles in meiner Wohnung abgespielt hätte. Dann hätte ich eine Runde World of Warcraft gespielt und hätte überhaupt nicht gemerkt, wie lange du mit deinem Ex telefonierst.»

Nach der Runde AAO können beide BPs eine Erkenntnisrunde einschalten mit dem Thema: Habe ich durch das AAO-Geschenk meine eigene Geschichte erweitern können, so dass wir uns einen Schritt auf eine gemeinsame synchrone Geschichte zubewegen?

Karina könnte sagen: «Die Information, dass du dich bei mir als Gast fühlst, war mir in dieser Form neu.»

Rudi könnte sagen: «Das war mir nicht klar, wie wichtig für dich die gute Beziehung zu deinem Ex ist.»

Im Anschluss an die Erkenntnisrunde füllen beide BPs gemeinsam ein Wunderrad aus. Diese Maßnahme hat zum Ziel, bei einem nächsten Vorkommnis dieser Art eine Auswahl an Optionen zur Verfügung zu haben, die ein Pizzawerfen unwahrscheinlich machen. Falls sich die Ideen, die im Wunderrad gesammelt wurden, bei einem erneuten Auftreten der schwierigen Situation als ungeeignet erweisen, macht das gar nichts. Es ist ja nicht aller Tage Abend. Das Wunderrad wird solange optimiert, bis der Situationstyp, der bisher zum Pizzawerfen geführt hat, zu beiderseitiger Zufriedenheit gelöst ist. Die Vorgehensweise, die das EC-Modell vorschlägt, dient dazu, zwei Liebende auf einen Pfad zu führen, auf dem die Wahrscheinlichkeit steigt, dass sie sich und ihre Geschichten in Übereinstimmung bringen. Das ist alles. Man kann bei dieser Unternehmung ruhig mehrere Feedback-Schlaufen durchlaufen, wichtig ist lediglich die Haltung, in der man nach einem Pizzawurf miteinander spricht.

Als Optionen für ihr Wunderrad könnten Karina und Rudi zum Beispiel folgende Möglichkeiten erfinden:

(1) Rudi bringt in Zukunft seinen Laptop mit, wenn er Karina besucht, damit er Zugang zu seinen Computerspielen hat.
(2) Karina stößt Rudi nicht mehr weg, wenn sie telefoniert, sondern wirft ihm einen Luftkuss zu und macht dann Handzeichen, dass sie noch weiter telefonieren will.
(3) Rudi bringt seinen Lesesessel in Karinas Wohnung.

(4) Karina kann als Option auch zu ihrem Ex sagen: Du, ich habe gerade Besuch, können wir morgen weiter telefonieren?
(5) Karina und Rudi einigen sich auf «Beziehungszeiten» während der Wochenenden, in denen beide ihr Handy auf Flugmodus stellen und nicht erreichbar sind.

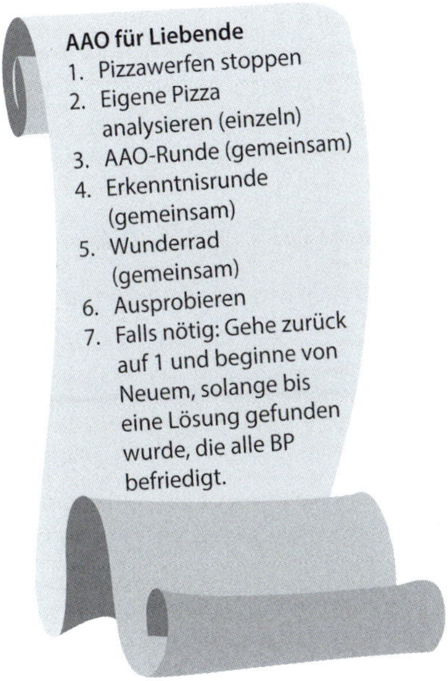

Wann ist das AAO-Geschenk sinnvoll, wann nicht?

Im Vergleich zu anderen Methoden für erfolgreiche Kommunikation wird beim AAO-Geschenk wenig rationale Verstandestätigkeit gefordert. AAO wird von einem Funktionssystem der menschlichen Psyche ausgeführt, das weitgehend über den Körper arbeitet und auf einer körperlichen Ebene echte Anteilnahme herstellt, die für das Gegenüber unmittelbar erfahrbar wird.

Unsere Absicht mit diesem Buch ist es, zu den bereits vorhandenen, zahlreichen Kommunikationsmodellen eine Variante hinzuzufügen, deren besonderer Vorteil darin liegt, dass sie spontan, aus dem Moment heraus, im Hier und Jetzt eingesetzt werden kann. Unsere Erfahrung mit vielen der bekannten Kommunikationsmodellen sieht so aus: Sie müssen lange geübt werden, bis sie authentisch und echt «rüberkommen». Sie machen oft auch viel intellektuelle Verstandestätigkeit nötig. Der Verstand ist jedoch ein Funktionssystem, das langsam arbeitet. Aufgrund dieser Langsamkeit eignet er sich nicht für die Bewältigung einer Situation, die spontan auftaucht und auf die man sich nicht vorbereiten kann. Der Körper und das damit verbundene unbewusste Selbst sind dann die alternativen Ressourcen, auf die zugegriffen werden kann. Wem es gelingt, zu diesen Systemen Kontakt herzustellen, der hat die Wahrscheinlichkeit erhöht, aus dem Moment heraus einen Beitrag zur gelingenden Kommunikation zu leisten.

Am Ende dieses Kapitels wollen wir noch darüber nachdenken, wann das AAO-Geschenk sinnvoll ist und wann man lieber darauf verzichten sollte, das Gegenüber zu beglücken. Die Regel hierfür ist einfach: AAO sollte man nur schenken, wenn man dazu wirklich Lust hat. Embodied Communication funktioniert dann, wenn sie authentisch und echt vollzogen wird. Sie sollte nicht zur Manipulation eingesetzt werden. In unseren Augen würde sie in solch einem Fall ihre Synchronie-Effekte nicht entfalten. Es gibt zu dieser Thematik, soweit uns bekannt ist, noch keine Studien. Die Leserschaft kann unsere Behauptung jedoch jederzeit im Selbstversuch testen.

Nehmen wir einmal Hotelrezeptionen. Mit Sicherheit haben Sie Erfahrungen mit Rezeptionsmitarbeitern, bei denen Ihnen die Freundlichkeit aufgesetzt und nicht wirklich warm vorkam. Vermutlich haben Sie auch das Gegenteil schon erlebt – dass Sie an der Rezeption von einer Person begrüßt wurden, die echte Herzlichkeit und Gastfreundschaft ausgestrahlt hat, so dass Sie sich in diesem Hotel sofort willkommen fühlten. Wir behaupten: Das Gegenüber spürt, ob man es ehrlich meint mit seinem AAO-Geschenk. Ein vorgetäuschtes AAO wird vom Gegenüber zumeist auch als vorgetäuscht empfunden. Evolutionär gesehen wäre es völliger Blödsinn, wenn eine so zentrale Information wie die zu gelingender Synchronie einfach vorgetäuscht werden könnte.

An dieser Stelle möchten wir auch noch einmal gern darauf hinweisen, dass AAO keineswegs eine Grundhaltung sein muss, mit der man den ganzen Tag durchs Leben geht. Sie müssen kein Gutmensch werden! Wir erinnern daran: AAO ist anstrengend, wenn es echt und authentisch angewendet wird. Unsere Empfehlung lautet, AAO in einem zeitlich begrenzten Rahmen zu verwenden. Zur Illustration der Notwendigkeit dieser zeitlichen Begrenzung eignet sich besonders gut ein bestimmter Verwandtschaftstyp, den eigentlich fast jeder in seiner Sippschaft vorfindet. Wir sprechen von einem Typ, nennen wir ihn Tante Hermine, der niemals zufrieden ist mit der Zeit, die man ihr schenkt. Wenn man Tante Hermine besucht, dann lautet ihr Begrüßungssatz: «Ach, endlich seid ihr mal wieder da, ich habe euch ja so lange schon nicht mehr gesehen, ihr habt ja nie Zeit.» Man verbringt dann den Sonntag mit Tante Hermine, schaut die alten Fotoalben an, hört sich ihre Erzählungen über die diversen Zipperlein geduldig an, schlürft mit ihr die elende Plörre, die sich in der Cafeteria der Altersresidenz Kaffee nennt, und mümmelt tapfer den trockenen Streuselkuchen, den sie dort verkaufen. Man schiebt sich im Rollator-Tempo durch den Kurpark und versucht dann, sich am Ende des Tages zu verabschieden. «Ach, nun geht ihr schon wieder, nie habt ihr Zeit, das war aber wirklich kurz! Aber das nächste Mal kommt ihr früher, gell!», sind Tante Hermines Worte zum Abschied. Zurück bleibt ein schales Gefühl: Man hat Tante Hermine ein AAO-Geschenk gemacht, man hat aber keinen Dank dafür bekommen. Und hier liegt der Denkfehler! Ein AAO-Geschenk sollte stets aus freien Stücken erfolgen, ohne Dank zu erwarten. Geschenkt ist geschenkt und weiter nichts.

Unser Rat im Fall eines solchen Typs in der Verwandtschaft lautet folgendermaßen: Setzen Sie selber fest, wie viel Zeit Sie Tante Hermine gern aus freien Stücken schenken möchten, auch ohne Dank zu erwarten. Wenn Sie bei sich feststellen, dass eine Stunde im Park Spazierengehen als Geschenk genug ist, verschenken Sie eine Stunde aus vollem Herzen und mit AAO, und dann fahren Sie wieder nach Hause. Egal, was Tante Hermine sagt. Sie selber bestimmen, was Sie schenken.

Wenn eine Führungskraft einen Mitarbeiter ermutigen will, den angesichts einer herausfordernden Aufgabe mulmige Gefühle überkommen, kann sie mit AAO viel erreichen. Sie kann damit herausfinden, worauf die mulmigen Gefühle beruhen, sie kann mit AAO nachvollziehen, was für Bilder den Mitarbeiter innerlich bewegen, und sie kann, wenn Synchronie erreicht wird, gemeinsam mit dem Mitarbeiter nach Lösungen suchen. Oft hilft dem Mitarbeiter schon die Tatsache, dass die Chefin ihr Ohr leiht, dabei gelassener zu werden und die Dinge in einem neuen Licht zu sehen. Hat die Chefin aber eigentlich keine Zeit für AAO oder insgeheim kein Interesse daran, sich die Sorgen des Mitarbeiters anzuhören, dann sollte sie nicht versuchen, eine AAO-Situation zu simulieren. Der Mitarbeiter würde das spüren und sich noch schlechter fühlen als ohnehin. Sie sollte dann ein entsprechendes Gespräch lieber an eine andere Person delegieren oder für den Mitarbeiter ein Coaching arrangieren. Hierdurch beweist sie ebenfalls Führungsstärke und Sorgfalt, sie zwingt sich aber nicht zu einer Handlung, die ihr nicht entspricht.

Zusammenfassend lässt sich unsere Haltung zum AAO-Geschenk als Plädoyer für Echtheit und Authentizität verstehen. Es gibt zahlreiche Negativbeispiele von Kommunikationstrainings, in denen das vorhandene Wissen, über die Art und Weise, wie Menschen miteinander in Interaktion treten, missbraucht wird. Von Missbrauch sprechen wir immer dann, wenn BP1 versucht, eine BP2 mit Tricks zu etwas zu bringen, das BP1 zwar einen Vorteil verschafft, das für BP2 jedoch nachteilig sein kann. Hier geraten wir in den Bereich der Manipulation. Wohlgemerkt: Jede BP1 hat das Recht, den eigenen Standpunkt nachhaltig zu vertreten, und darf auch darauf bedacht sein, die Interaktion in Bahnen zu lenken, die zu willkommenen Ergebnissen führen. Der Unterschied zwischen beiden Situationen liegt in der Haltung, mit der BP1 ihren Beitrag zur Interaktion liefert. Synchronie findet gemeinsam statt und ist eine Gemeinschaftsproduktion. Solch ein Unterfangen funktioniert nicht, wenn sich eine der beteiligten Personen mit Tricks zum Kontrolleur oder Kontrolleurin der Interaktion macht. Unser Rat lautet bei solch einem Manipulationsverdacht: Statt freundlich zu bleiben lieber eine kleine Pizza werfen oder sogar adrett eine Blutgrätsche platzieren. Immerwährende Freundlichkeit – das schaffen nur Heilige. Die meisten Menschen sind vom Heiligsein jedoch ein gehöriges Stück entfernt.

5. Kapitel: Workshop

Ideenkorb

Der Ideenkorb ist eine Methode der Brainstorming-Technik, die von Maja Storch und Frank Krause im Zuge der Entwicklung des Zürcher Ressourcen Modells ZRM erarbeitet wurde (Storch & Krause, 2014). Der Unterschied zu herkömmlichen Brainstorming-Verfahren besteht *erstens* darin, dass der Ideenkorb eine Zielperson hat, für die und deren Thema assoziiert wird. *Zweitens* wählt diese Zielperson mittels der Affektbilanz diejenigen Ideen aus, die ihr am ehesten zusagen. Das Kriterium für die Auswahl einer Idee aus dem Ideenkorb ist eine Affektbilanz von 0 minus und 70 oder mehr im Plus. Durch die Auswahl der Ideen mittels der Affektbilanz – und nicht durch Verstandesüberlegungen – ist sichergestellt, dass die getroffene Wahl vom unbewussten Selbst mit getragen wird. Hierdurch wird nachhaltige Zufriedenheit mit der Entscheidung sichergestellt sowie innere Konsistenz in der Zielperson erzeugt (Kuhl, 2010; Storch und Kuhl, 2013).

Der Ideenkorb wurde ursprünglich für das ZRM-Training konzipiert. In diesem Gruppentraining wird nach einem Arrangement gesucht, das den Teilnehmenden eine Kommunikationstechnik im Sinne der konstruktivistischen Erkenntnistheorie nahebringt, ohne dass es nötig wäre, zum Konstruktivismus extra ein Impulsreferat zu halten. Erfahrungsgemäß gehen immer noch viele Personen von einem naiven Realismus in dem Sinne aus, dass die Vorgänge in der Außenwelt im psychischen System in einem Verhältnis von eins zu eins abgebildet werden. Man weiß aus der Wahrnehmungspsychologie, aus der Hirnforschung und aus der philosophischen Erkenntnistheorie, dass diese Ansicht nicht zutrifft. Im psychischen System wird kein realistisches Abbild der Außenwelt, sondern eine individuelle psychische Konstruktion erzeugt, die von anderen Personen mehr oder weniger geteilt werden kann.

Oft fällt dieser Umstand nicht weiter ins Gewicht, weil alle Personen, die sich in einem bestimmten Kontext befinden, ähnliche Konstruktionen entwickeln. Werden in einem Bäckerladen Nusshörnchen verlangt, werden alle Beteiligten in hohem Maße darin übereinstimmen, was man unter der Bezeichnung Nusshörnchen zu verstehen hat. Man verlangt ein Nusshörnchen, die Verkäuferin tütet ein Nusshörnchen ein, man bezahlt das Nusshörnchen und geht wieder, zufrieden und mit Vorfreude auf das leckere Teilchen. Auch in einer Autowerkstatt kommt man mit naivem Realismus sehr weit. Man geht hin und sagt: «Das Auto verliert Öl.» Der Mechaniker verfügt über eine psychische Konstruktion, die weitgehend deckungsgleich mit der des Kunden ist. Er sucht nach der Ursache des Ölverlusts und kann dann vielleicht sagen: «Die Dichtung war kaputt.» Er wird dafür sorgen, dass das Auto kein Öl mehr verliert.

Sehr viel schlechter fährt man mit einem naiven Realismus im psychologischen Bereich. Die Ersten, die in der Psychotherapie diesem Umstand auf die Spur kamen, waren die Paar- und Familientherapeuten. Vor versammelter Familie wurde gefragt: «Was glauben Sie, ist die Ursache dafür, dass Jessica nichts mehr essen will und immer dünner wird?» Als Antwort waren so viele Geschichten zu hören, wie Mitglieder im Raum waren. Wenn der Familientherapeut hier im Sinne eines naiven Realismus davon ausgehen würde, dass von den fünf Meinungen eine einzige die Richtige sei, würde er nicht viel Geld mit dieser Familie verdienen. Die Person, deren Meinung der Familientherapeut für die richtige hielte, würde sich freuen, die anderen vier Personen würden dafür sorgen, dass keine weitere Sitzung mehr zustande käme. Sie würden sich nicht verstanden fühlen.

In der Paar- und Familientherapie hat man darum mit der Suche nach einer Erkenntnistheorie begonnen, die für diese spezielle Situation, in der verschiedene Ansichten von BPs einer Lösung zugeführt werden sollen, besser geeignet ist als der naive Realismus. So begann sich die klinische Psychologie für philosophische Erkenntnistheorie zu interessieren. Am sinnvollsten erwies sich der Konstruktivismus für die psychologischen Zwecke (Varela,

Thompson & Rosch, 1992; zur Kritik am Radikalen Konstruktivismus: Nüse, 1995).

Nun kann man nicht jeder Person, die in einem Kurs über Selbstmanagement sitzt, zumuten, erst einmal an der Universität ein Seminar zur Einführung in die Grundlagen der konstruktivistischen Erkenntnistheorie zu belegen. Aus diesem Grund wurde von Storch & Krause (2014) der Ideenkorb entwickelt, der ein Regelwerk enthält, das automatisch in einer Kommunikationssituation eine dem Konstruktivismus entsprechende Haltung mit sich bringt.

Dies wird durch mehrere Komponenten erreicht:

- Erstens wird die Thematik, über die gesprochen wird, psychologisch von der Zielperson getrennt, indem die Zielperson darum bittet, die Ideen nicht direkt an sie persönlich zu adressieren, sondern im Ideenkorb zu platzieren. Durch die Metapher des Ideenkorbs wird ein Effekt erreicht, den man in der Hypnotherapie *Dissoziation* nennt. Zielperson und das Thema, um das es geht, werden voneinander getrennt.

- Diese Dissoziation verhindert den Ringkampf um die richtigste Version der Wahrheit. Die Ideenkorb-Metapher macht klar, dass die Ideenspender nur die Aufgabe haben, für die Hauptperson den Korb zu füllen – und dass im Rahmen des Ideenkorb-Arrangements *nicht* über richtige und falsche Ideen diskutiert wird. Auf diese Art wird eine gelassene, tolerante Atmosphäre des Austauschs geschaffen, ohne Leistungsdruck und ohne versteckten Anlass für einen Machtkampf. Bei der Zielperson hat das den Effekt, dass sie sich öffnet.
- Zweitens soll sich die Zielperson nicht zu den Ideen der Ideenspender äußern. Sie hat lediglich die Aufgabe zu sammeln. Kommentare der Zielperson sind weder nötig noch erwünscht. Da sie die Ideen der Ideenspender nicht sofort kommentieren muss, sondern zunächst einfach nur sammelt, entsteht bei der Zielperson kein Widerstand und keine Abwehrhaltung. Die Zielperson hat zu jedem Zeitpunkt der Ideensammlung ein Gefühl von Selbstbestimmung.
- Drittens erfolgt die Auswahl der Ideen aus dem Ideenkorb unter dem Embodiment-Aspekt, und zwar mit Hilfe der somatoaffektiven Signale des unbewussten Selbst. Ausgewählt werden die Ideen aus dem Korb von der Zielperson selbst, indem sie jede einzelne Idee anhand des Kriteriums der Affektbilanz von 0 minus und mindestens 70 plus bewertet. Die Auswertung erfolgt in einem von der Sammlung getrennten Arbeitsschritt ohne die am Ideenkorb beteiligten Personen.

Wenn, wie in diesem Buch dargestellt, Ideenkörbe für die Pizza-Analyse und das Wunderrad gesammelt werden, sollten folgende Punkte beachtet werden:

1. Auswahl der Ideenspender

Welche Personen sind geeignet, um als Ideenspender aktiv zu werden? Grundsätzlich sind interessante Informationen von Menschen aller Art zu erwarten, denn jeder Mensch hat ein einzigartiges Gedächtnissystem und darum auch unter Umständen Schätze darin versteckt, die hilfreich, neu und positiv überraschend sein können. Die Frage, die uns oft gestellt wird, betrifft den Expertenstatus der Ideenspender. Ist es besser, wenn ich Personen frage, die mit dem Thema, um das es geht, vertraut sind? Oder ist es besser, wenn ich absolute Laien frage, die von dem Thema keine Ahnung haben? Grundsätzlich gilt, dass man auf jeden Fall einige Experten unter den Ideenspendern haben sollte. Eine Person, die beispielsweise selbst schon einmal in einem großen Unternehmen gearbeitet hat, weiß, welche Gepflogenheiten dort herrschen und kann darum sehr gezielt Ideen spenden. Ein oder zwei Laien sind aber auch immer für Überraschungen gut: Der Friseur oder die Kirchengemeinderätin können darum ruhig auch mit einbezogen werden.

Eine weitere Frage, die uns oft gestellt wird, betrifft das Thema Vertrautheit. Hat es Sinn, die Ehefrau oder die beste Freundin als Ideenspenderinnen einzusetzen? Unsere Antwort lautet: «Jain!». Wenn die Ehefrau oder die beste Freundin es sich verkneifen kann, der Hauptperson endlich mal die Dinge unterzujubeln, die sie schon immer anbringen wollte («Ich sage dir seit Jahren ……», «Meine Rede. Das wundert mich gar nicht, dass du jetzt in der Patsche sitzt ….», «Aha, jetzt fragst du mich endlich, ich sage dir die ganze Zeit schon, dass …..»), dann kann es auch nützlich sein, ein paar Ideen einer Person einzusammeln, die einen gut kennt. Wenn jedoch die Gefahr besteht, dass aus der Ideenkorbrunde ein verstecktes Pizzawerfen wird, dann raten wir, diese Person besser nicht um Ideenspenden zu bitten.

2. Auswahl des Themas

Was genau fragt man denn die Ideenspender? Ich bitte die Personen, die den Korb füllen sollen, um Ideen für einen möglichen Umgang mit dem Problem, das ich mit mir herumtrage. Dies geschieht in zwei Schritten.

(1) Ich schildere kurz die Situation, um dies es geht.
(2) Ich schildere, in welche Richtung ich mir eine Lösung wünsche.

Zum Beispiel könnte eine Zielperson sagen:

- Ich bin mit meinem Freund im Clinch, weil er sich von seiner Firma für ein Jahr nach Dubai versetzen lassen will. Das passt mir überhaupt nicht, hier ein Jahr Strohwitwe zu spielen (Dies ist die Situation, um die es geht)!
- Und nun suche ich nach Ideen für Kompromissangebote, die ich ihm machen könnte. Ich verstehe ja, dass er als junger Mann die Sehnsucht nach der Ferne in sich spürt, aber ich will nicht ein Jahr auf ihn verzichten. Was für Möglichkeiten gibt es, die uns beiden helfen (Dies ist die Lösung, die man anstrebt)?

Es ist aber nicht unbedingt nötig, den Ideenspendern auf die Nase zu binden, dass ich es selbst bin, die das Problem hat. Eine Ideenspende ist genauso nützlich, wenn ich am Tresen in der Plaza-Bar den Nebenmann beim Feierabendbier in ein kleines Gespräch verwickle und beiläufig «eine Geschichte einer Bekannten» erzähle, deren Freund nach Dubai will und die nicht weiß, wie sie das Jahr als Strohwitwe überstehen soll. «Ach ja, mit diesen vermeintlichen Abenteuern locken viele Firmen ihre jungen Mitarbeiter», könnte der Tresennachbar sagen. «Der junge Mann sollte sich mal erkundigen, wie die Arbeitszeiten in Dubai sind. Soweit ich weiß, arbeiten die dort sogar sonntags!»

Aha! Eine prima Idee für den Ideenkorb wurde gesammelt, ohne dass man sich als problembeladen «outen» musste. Für den Effekt des Ideenkorbs ist es relativ gleichgültig, ob die ideenspendende Person weiß, wer denn nun letztendlich das Problem besitzt. Das Hauptanliegen des Ideenkorbs ist es, Variantenreichtum zu erzeugen, um Anregungen zu bekommen.

Affektbilanz

Im Modell der Embodied Communication nehmen die affektiven Bewertungen, die das unbewusste Selbst schickt, eine zentrale Position ein. Diese Basisaffekte werden nicht in Form von Sprache wahrgenommen, sondern man spürt sie als Körperempfindung mit affektiver Tönung.

In der Wissenschaft werden diese Körperempfindungen darum *somatische Marker* genannt (Damasio, 2004; Storch, 2011). Das bedeutet so viel wie «körperliche Signale». Manche Menschen nehmen diese körperlichen Signale tatsächlich im Bauch wahr, andere bemerken sie eher in der Brust oder in der Herzgegend. Wieder andere spüren sie zum Beispiel an einer Verkrampfung im Nacken, wenn das unbewusste Selbst sagen will, dass hier etwas voraussichtlich unangenehm wird.

Diese Körpersignale lassen sich ganz einfach in Plus und Minus einteilen. Wenn etwas voraussichtlich prima werden wird, erleben wir einen positiven Affekt – ein Plusgefühl. Wenn etwas aller Erfahrung nach unangenehm wird, meldet sich ein negativer Affekt – ein Minusgefühl. Diese beiden Affekttypen lassen sich auf zwei Skalen darstellen. Wir nennen diese Art der Darstellung «Affektbilanz».

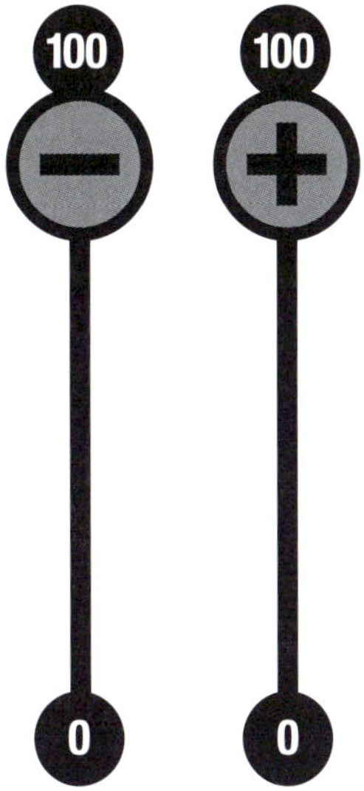

Plus- und Minusgefühl ergeben die Affektbilanz

Sowohl Minus- als auch Plusgefühle können schwach oder stark sein. Alle Bewertungsvarianten der affektiven Ebene lassen sich in der Affektbilanz darstellen. Wie sieht zum Beispiel Ihre Affekt-

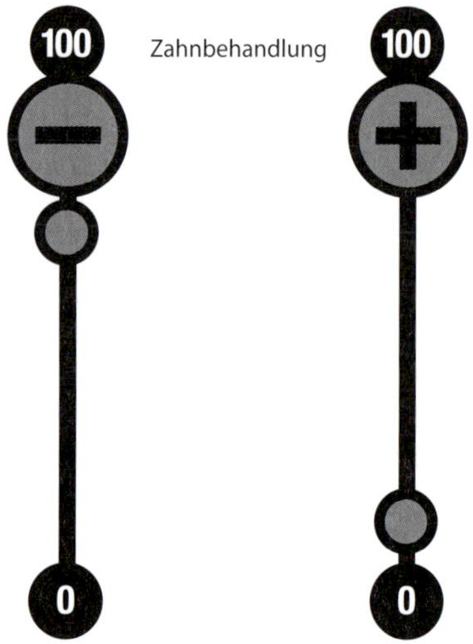

Beispiel einer deutlich negativen Affektbilanz

bilanz beim Thema Zahnbehandlung aus? Vermutlich so wie in der Abbildung für Zahnbehandlung: starke Minusgefühle und schwache Plusgefühle.

Ganz anders stellt sich die Affektbilanz bei einem Lottogewinn dar.

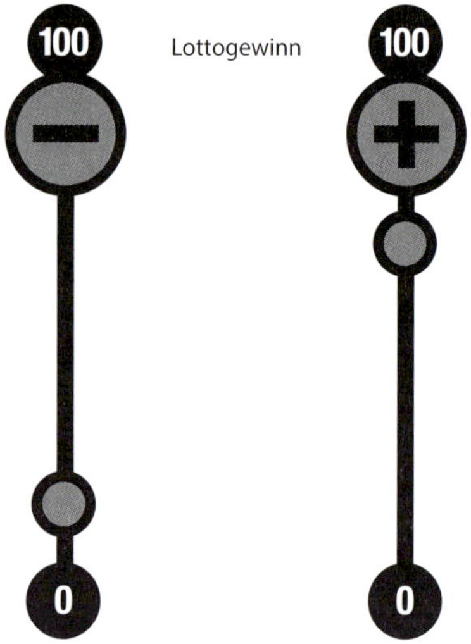

Beispiel einer deutlich positiven Affektbilanz

Zahnbehandlung und Lottogewinn sind ganz einfache Beispiele, denn hier hat jeweils der negative oder der positive Affekt deutliches Übergewicht. Es gibt jedoch viele Situationen im menschlichen Leben, die mit gemischten Affekten bewertet werden, und zwar einfach deshalb, weil bei der zu bewertenden Situation gleichzeitig angenehme und unangenehme Erlebnisse eine Rolle spielen. Bei vielen Frauen, die schwanger sind, sieht die Affektbilanz für die bevorstehende Geburt ungefähr so aus:

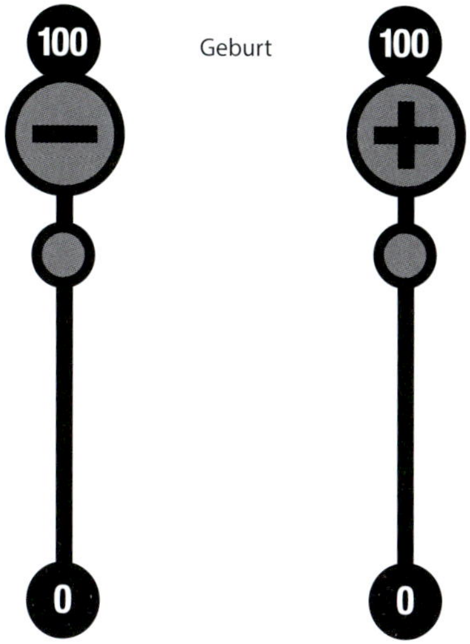

Beispiel einer gemischten Affektbilanz

Kann man denn gleichzeitig gute und schlechte affektive Bewertungen zu etwas haben? Ja, und zwar einerseits deshalb, weil positive und negative Affekte im Gehirn von zwei verschiedenen Systemen erzeugt werden. Aber auch ganz ohne Hirnforschung zeigen Daten aus der Psychologie, dass negativer Affekt nicht einfach das Gegenteil von positivem Affekt ist (Leue & Beauducel, 2011). Damit sind auch Mischverhältnisse zwischen guten und schlechten Affekten möglich, ein individuell gemixter Gefühlscocktail sozusagen. Auch werdende Väter berichten oft von einer sehr gemischten Affektbilanz angesichts der bevorstehenden Geburt. Von starken gemischten Affekten erzählen Bungee-Jumper vor dem Absprung und Menschen, die gerade einen teuren Luxusartikel erworben haben, der wunderbar ist, aber eigentlich das Budget sprengt. Auch in der Liebe hat vermutlich jeder schon einmal erlebt, wie prima das Unbewusste Affekte mixen kann. Die Affektbilanz hilft in solchen Fällen, das innere affektive Wirrwarr sichtbar zu machen. Sobald das innere affektive Chaos auf den beiden Skalen eingezeichnet ist, kann der Verstand verstehen, was im Unbewussten los ist, und anfangen, strategisch über die Problematik nachzudenken. Die körperlich-affektiven Bewertungen des Unbewussten werden mit Hilfe der Affektbilanz in die Sprache des Verstandes übersetzt.

Beachte: Die Affektbilanz besteht aus zwei visuellen Analogskalen. Das sind zwei Skalen ohne Feineinteilung, sie bestehen nur aus einer Linie. Die visuelle Analogskala ist ein sogenanntes semiquantitatives Verfahren. Dieser Skalentyp wird in der Wissenschaft dafür eingesetzt, die subjektive Einschätzung von Gefühlslagen oder Empfindungsstärken (zum Beispiel Schmerz oder Juckreiz) zu erfassen. Durch das Fehlen der Einteilung ist der Verstand nicht in der Lage, eine visuelle Analogskala zu bearbeiten, die Skala wird «nach Gefühl», «ungefähr», «Pi mal Daumen» ausgefüllt. Das ist genau die Information, die man haben will, nämlich die individuelle Bewertung nach dem Gefühl.

Pizza-Analyse

Wenn Pizzawerfen stattgefunden hat, empfehlen wir, die eigene Pizza genau zu untersuchen, um sich auf ein nachfolgendes Gespräch gut vorzubereiten. Der Teil des psychischen Systems, der in großer Geschwindigkeit affektive Bewertungen abgibt, Assoziationen aktiviert und somit in den meisten Fällen für das Pizzawerfen verantwortlich ist, hat die Gedächtnisinhalte in Form von assoziativen Netzwerken gespeichert, die multicodiert sind. Multicodiert ist ein Gedächtnisinhalt dann, wenn er Informationen aus vielen Sinneskanälen enthält. Eine aktuelle Zusammenfassung über die Organisation von Gedächtnisinhalten findet sich bei Jäncke (2014). Man kommt den Netzwerken, die in einer bestimmten Situation aktiviert wurden, am ehesten auf die Spur, wenn man ebenfalls assoziativ vorgeht. Das freie Assoziieren ist eine Technik, die in der Psychoanalyse – neben der Traumdeutung – als Königsweg zum Unbewussten angewendet wird.

Für viele Personen ist das freie Assoziieren zwecks Analyse des eigenen Pizzabelags ungewohnt, es gibt hierfür drei Hilfen, die wir an dieser Stelle darstellen möchten.

1. Ideenkorb: Warum bin ich da und dort so ausgerastet?

Die erste Möglichkeit, sich einen guten Vorrat an Assoziationen zu besorgen, besteht darin, sich einen Ideenkorb füllen zu lassen. Das Vorgehen wurde bereits dargestellt. Wir möchten noch einmal betonen, dass es nicht nötig ist, den ideenspendendenden Personen wahrheitsgemäß mitzuteilen, dass man sich mit jemandem ein prächtiges Pizzawerfen geliefert hat, und dies in aller Peinlichkeit auszubreiten. Einen prima Ideenkorb bekommt man auch dann, wenn man sagt, man sammle Ideen für einen Zeitungsartikel oder für einen Freund. Es geht beim Ideenkorb-Verfahren nicht darum, mit einem Gegenüber in einen differenzierten und tiefen Austausch zu treten, sondern darum, Assoziationen zu sammeln, auf die man selbst nicht gekommen wäre.

2. Reflexionshilfen

Man kann die eigenen Assoziationen auch anregen, indem man sich Gedanken zu passenden Listen oder Aufzählungen macht. Hierzu dienen Reflexionshilfen, die sich hauptsächlich an den Verstand richten. Die vier Ohren von Schulz von Thun (2010) listen zum Beispiel vier Ebenen der Kommunikation auf. Seine Heuristik liefert eine gute Grundlage, um das eigene Erleben zu analysieren. Auch die Liste menschlicher Grundbedürfnisse, die sich bei Rosenberg (2013, S. 74 f.) findet, kann als Quelle zur Entdeckung von sinnvollen Assoziationen dienen.

Abgesehen von den oben genannten Beispielen, die sich eher mit den psychologischen Inhalten von Kommunikation befassen, können aber auch ganz andere Effekte ein assoziatives Netzwerk ausgelöst haben. Die folgende Übersicht kann dabei helfen, Hypothesen zu entwickeln, was als Auslöser für die starken negativen Affekte verantwortlich sein könnte.

Situation allgemein

- Wo fand das Pizzawerfen statt? An welchem Ort / welchen Orten?
- Wie war das Wetter?
- Welche Jahreszeit herrschte?
- Welche Tageszeit war es?
- Wie viel Uhr war es?

Beteiligte Personen

- Wer war dabei?
- Welche Körperhaltung hatte(n) mein(e) Gegenüber?
- Wie ist meine Stellung/Beziehung zu den beteiligten Personen (Vorgesetze/r, Kollege/in, Untergebene/r, Verwandte/r)?
- Wie war mein Gegenüber gekleidet?

Man selbst

- Welche innere Verfassung hatte ich?
- Körperlich? (Hunger, Durst, zu wenig Sex, Schlafmangel, Menstruation)
- Emotional?
- Welche inneren Stimmen waren bei mir aktiv?
- Welche Körperhaltung hatte ich?

3. Darstellung von Kommunikationskonstellationen

Aus dem Bereich systemischer Therapietechniken kommt die Idee, Kommunikationskonstellationen konkret durch Gegenstände «aufzustellen» und damit Beziehungen räumlich und körperlich zu symbolisieren. Auch auf diese systemtherapeutische Weise kann also eine Pizza-Analyse embodied durchgeführt werden. Man kann beispielsweise auf einem Brett Gegenstände, beispielsweise Holz- oder Legofiguren, so arrangieren, wie es einer künftigen Kommunikationssituation entspricht. Mit ihrer Hilfe lassen sich verschiedene Varianten durchspielen und in Szene setzen. In der Familientherapie wird dazu etwa das Familienbrett nach Kurt Ludewig verwendet. Es handelt sich bei solchen darstellenden Techniken gewissermaßen um die Miniaturausgaben von Systemaufstellungen und Skulpturen, die mit den an einer Kommunikation beteiligten Menschen real durchgeführt werden (von Schlippe & Schweitzer, 2012). In eine ähnliche Richtung geht die Technik des «Markierens», die ursprünglich aus der Welt des zeitgenössischen Tanzes kommt (Tschacher, Storch & Munt, 2014). Tänzer, aber auch Sportler, üben Bewegungsmuster dadurch ein, dass sie sie vor dem inneren Auge und unterstützt durch mehr oder weniger ausgeprägte Körperbewegungen durchspielen – zu sehen ist dies oft bei Hochspringern, kurz bevor sie im Wettkampf wirklich springen. Die Technik des Markierens kann im ZRM-Training bei der Einübung von Motto-Zielen eingesetzt werden und eignet sich ebenso für die vorbereitende Analyse von künftigen Kommunikationssituationen.

Mit diesen drei Möglichkeiten, dem Ideenkorb, den Reflexionshilfen und der Darstellung von Kommunikationskonstellationen, sollte es möglich sein, in den allermeisten Fällen brauchbare Hypothesen zu entwickeln. Falls man bei sich selbst feststellt, dass man trotz ernsthafter Versuche nicht in der Lage ist, sich selbst auf die Schliche zu kommen, dann empfehlen wir, hierzu eine Fachperson zu Rate zu ziehen. Ein gut ausgebildeter Coach oder Berater hat in der Regel ein wunderbares Repertoire von hilfreichen Fragetechniken, mit denen in relativ kurzer Zeit bedeutsame Erkenntnisse gewonnen werden können.

6. Kapitel: Fragen und Antworten

Von: Sigrid Trebo
An: Maja Storch
Datum: 29. Oktober 2014

Liebe Maja,

am Samstag gekauft – bis Sonntagmittag gelesen – am Montag umgesetzt …
Vielen lieben Dank für das inspirierende Buch, ich habe es mit großer Freude und einem Schmunzeln gelesen und viele Anregungen für mich gefunden. Meine Kommunikationsseminare werden damit neuen Pepp bekommen.
Am Montag und Dienstag habe ich in meinem Seminar «Grundlagen der Kommunikation» die Affektbilanz und das AAO-Geschenk eingebaut und tolle Rückmeldungen von den Teilnehmenden bekommen. Der Tenor von ihnen war: «Einmal etwas anderes als Sachinhalt und Beziehung bzw. die vier Seiten einer Nachricht.»
Jetzt habe ich noch eine Frage oder Bitte an dich. Gibt es eine knackige Definition von Kommunikation unter dem Blickwinkel «Embodied Communication»?
Ich freue mich auf deine Rückmeldung.

Liebe Grüße aus dem kalten Österreich
Sigrid Trebo

Von: Maja Storch
An: Wolfgang Tschacher
Datum: 29. Oktober 2014

lieber wolfgang, wie würden wir eine knackige definition von kommunikation formulieren?

Maja Storch

Von: Wolfgang Tschacher
An: Maja Storch
Datum: 29. Oktober 2014

Die lange Definition von Kommunikation: Wir glauben nicht mehr an die Kanaltheorie, sondern an eine Systemtheorie der Kommunikation. Das System, das durch Kommunikation entsteht, umfasst nicht die Übermittlung von abstrakten Bits und Bytes, sondern umfasst den ganzen Geist und Körper der beteiligten Personen: Gedanken, Gefühle, Augen, Ohren, Muskeln. Das heißt: Wir zweifeln an der Verschickung von Informationen. Wir finden empirisch, dass das Wesen der Kommunikation darin liegt, dass beteiligte Personen in Resonanz und Synchronie geraten. Das geschieht immer körperlich, nie nur sprachlich, es geschieht automatisch und weitgehend unbewusst: «Selbstorganisation» eines Kommunikationssystems.
Die schlechte Nachricht daran ist: Wenn Kommunikation nicht mehr dadurch geschieht, dass ich Information versende, dann kann ich meine Botschaften auch nicht mehr eins zu eins «kontrollieren». Die gute Nachricht ist: Ich kann die Randbedingungen so einrichten, dass sich eine gelingende und verständige Kommunikation entwickelt und das wie von selber.
Achtung: Wenn es keine Information gibt, gibt es auch keine «Nachrichten».
Die kurze Definition von Kommunikation: Beteiligte Personen kommunizieren für sie wesentliche Bedeutungen durch Synchronisation und Desynchronisation ihres Körperausdrucks. Resonanz und Dissonanz machen die Kommunikation aus, die Transmission von objektiven Informationseinheiten ist höchstens nachgeordnet.
Die «knackige» Definition von Kommunikation: Unser Körper kommuniziert ununterbrochen, wir können das nicht unterbinden oder kontrollieren, aber wir können achtsam und ohne Druck den Kontext der Kommunikation bereiten.

Lieber Gruß
Wolfgang Tschacher

Von: Ulrike Gmachl-Fischer
An: Maja Storch
Datum: 13. Januar 2015

Liebe Maja,

darf ich mich mit 3 Fragen zu deinem Buch «Embodied Communication» an dich wenden? Es gibt da eine Aussage, die ich nicht einordnen kann.
Ihr stellt im Kapitel 4 das AAO-Geschenk vor. Auf Seite 124 beschreibt ihr das «Augen auf», und da heißt es: «Wir sagen: Optischer Input ist eine der wichtigsten Bedingungen, damit Synchronie entstehen kann.»

Frage 1: Heißt das, dass am Telefon (und in jeder vermittelten Kommunikation, z. B. Brief, E-Mail, Chat) keine Synchronie entstehen kann? Synchronie erzeugt das Stimmigkeitsgefühl (Seite 121). Das irritiert mich, denn wir erleben doch durchaus Telefongespräche, auch professionelle (Kundenservice), bei denen ein Stimmigkeitsgefühl entsteht, sprich Synchronie hergestellt werden konnte.

Frage 2: Liege ich richtig damit, wenn ich sage, das «Augen auf» entsteht am Telefon durch das, was wir Trainer das «soziale Grunzen» nennen? (Das sind akustische Signale an den Gesprächspartner, die ihm signalisieren, dass wir zuhören, also «mhm, aha, oh, ja, ich verstehe».)

Frage 3: Sind die Medien Telefon, Brief, E-Mail etc. nicht als eine Randbedingung für die soziale Musterbildung zu sehen, innerhalb der Synchronisation entstehen kann? Wir erzeugen ja auch telefonisch und schriftlich mit jemandem ein kommunikatives System, das Affekte und daraus resultierende Handlungen auslöst. Wenn ich diesen Gedanken weiterspinne, dann ist sogar ein Bild eine Form der Kommunikation, die eine Synchronie ermöglichen kann. Ein Maler teilt sich mit, und es entsteht ein kommunikativer Prozess beim Betrachten des Bildes. Das Bild löst Assoziationen und Affekte in mir aus. Ok, dazu muss ich die Augen offen haben. Aber wie verhält es sich z. B. mit den Bran-

denburgischen Konzerten? Und dann wäre es natürlich noch interessant, auf die Kommunikation unter Blinden einzugehen. Aber ich will dich nicht überstrapazieren.
Ich bin elektrisiert von eurem Buch und sehe es als längst fälligen Meilenstein in der Geschichte der Kommunikationswissenschaft! Kommunikation als ein System, das wie ein Gedanke im Moment aufgrund bestimmter Rand- bzw. Rahmenbedingungen entsteht, das ist revolutionär und neu und erscheint mir sooooo richtig!
Allerdings gebe ich zu, dass mich das Buch noch nicht «satt» gemacht hat. Ich würde es gerne bis ins Detail analysieren, diskutieren und auslegen, damit ich es an das während des Studiums Gelernte und das Hineinsozialisierte gut dranhängen kann. Das ist eine echte Inventur in meinem Kopf! Ich erwarte einen zweiten Teil!
Vielen lieben Dank, wenn du dir die Mühe gemacht hast, auf meine Fragen zu antworten!

Alles Liebe
Uli

Von: Maja Storch
An: Ulrike Gmachl-Fischer
Datum: 15. Januar 2015

liebe ulrike, das sind drei intelligente fragen, die du da stellst! für die erforschung der synchronieprozesse ist wolfgang tschacher zuständig. ich leite deine mail an ihn weiter, er hat auf deine fragen mit sicherheit eine fundierte antwort.
kann allerdings ein bissl dauern, bis er antwortet, er hat viel um die ohren im moment.
was mich betrifft: schreib mir doch ungeniert alles auf, was du noch gerne an themen bearbeitet hättest, wenn genug stoff zusammengekommen ist, kann man sich durchaus überlegen, einen zweiten teil zu schreiben.

liebe grüße maja

Von: Wolfgang Tschacher
An: Ulrike Gmachl-Fischer
Datum: 15. Januar 2015

Liebe Frau Gmachl-Fischer,

ich kann vielleicht ganz kurz auf Ihre berechtigte Nachfrage eingehen:
Synchronie und Stimmigkeitsgefühl kann ganz klar auch bei wahrnehmungsmäßig reduzierten Kommunikationssituationen entstehen, z. B. beim Telefonkontakt. Dann wird aus dem AAO-halt ein AO-Geschenk. Manchmal ist das sogar fast ein Vorteil, weil man sich umso mehr auf das Hören konzentrieren kann. Solche Synchronie ist gut definiert und auch schon empirisch untersucht, allein auf der akustischen Ebene der Stimme: die Angleichung von Stimmqualität, -melodie, -tonhöhe ist auch eine Möglichkeit, nonverbale Synchronie zu bestimmen. Die Synchronie kann man also auch durch die Prosodie nachweisen. Sogar mit E-Mail und Brief kann man stimmigen Kontakt haben. Aber was die Synchronie angeht, ist es schon ein großes Manko, dass dann die Kommunikation nicht mehr im Hier und Jetzt stattfindet. Alles wird dann mehr ein rationaler Prozess in Richtung Flaschenpost. Wenn wir im Buch von Synchronie und Stimmigkeit sprechen, meinen wir implizit immer Kommunikationen, bei denen sich die teilnehmenden Personen gegenseitig ein großes Privileg einräumen: dass sie ihr wertvolles «Jetzt» mit einem anderen zu teilen bereit sind.
Danke ansonsten für Ihre freundlichen Anmerkungen!

Beste Grüße
Wolfgang Tschacher

Von: Ralf Matti Jäger
An: Maja Storch, Wolfgang Tschacher
Datum: 11. Januar 2015

Sehr geehrte Frau Dr. Storch,
Sehr geehrter Herr Prof. Tschacher,

ich habe Ihren Artikel «Die Bedeutung von Embodiment für Psychologie und Psychotherapie» in der Zeitschrift Psychotherapie, Bd. 17, Heft 2, S. 259–267, gelesen und möchte hiermit eine kurze Rückmeldung geben. Das Thema ist für mich selbst von zentraler Bedeutung, da ich als Kunsttherapeut (Malen und Plastizieren) in der Psychiatrie arbeite, von der Phänomenologie her komme und über Kunsttherapie promoviere.
Im Grunde bin ich mit Ihrem Anliegen vollkommen eins: Die Bedeutung von Körper und Leib wird in der Psychotherapie noch unterschätzt.
Mein Eindruck ist jedoch, dass Sie mit dem Embodiment-Begriff eine Reihe von Differenzierungen nicht machen, die aus meiner Sicht unerlässlich sind. So halte ich einerseits eine Differenzierung von «Körper» und «Leib», wie sie bei Husserl urständet, bei Helmuth Plessner, Gabriel Marcel, Merleau-Ponty u. a. ausgeführt und spätestens durch Wolfgang Blankenburg und Hilarion Petzold in die Psychiatrie und Psychotherapie eingeführt worden ist, für phänomenologisch unerlässlich. Darüber hinaus scheint es mir sinnvoll, zwischen leiblichem und emotionalem Erleben klar zu scheiden. Ich möchte dies erläutern.
Sie schreiben, «emotionale Prozesse» würden durch «Körperhaltung und Mimik verursacht», und sprechen damit im Sinne der James-Lange-Theorie, von der Sie sagen, sie würde durch «Embodiment-Befunde» unterstützt. Im Rahmen meiner Forschungen zum Kunstschaffensprozess habe ich in William James' «Psychologie» (engl. 1892, dt. 1920) nachgelesen, wie er zu der Überzeugung kommt, dass die Gefühle vom Körper abhängig seien. Da macht er meines Erachtens einen gewichtigen Fehler im Hinblick auf die Forschungsmethode. James stellt seine Eingangsfrage so:

«Wenn wir nämlich irgendeine starke Gemütsbewegung vorstellen und dann versuchen, von dem Bewusstsein derselben alle Empfindungen ihrer körperlichen Symptome abzuziehen, dann werden wir finden, dass wir nichts übrig behalten, kein ‹psychisches Material›, aus dem die Gemütsbewegung wieder aufgebaut werden könnte, und dass ein kalter und neutraler Zustand intellektuellen Erfassens allein zurückbleibt.» (James, 1920, 379)
Wenn ich so frage, mache ich im Umgang mit mir selbst, den ich in diesem Fall ja phänomenologisch erforsche, einen Fehler: Ich stelle mich darauf ein, «Körpersymptome abzuziehen» – oder wie es weiter heißt: «wegzudenken», zu «subtrahieren». Ich richte meinen Forscherblick zwar auf meine Gemütsbewegungen, bin aber aktiv damit beschäftigt, einen Teil derselben zu beseitigen. Denn den Körper selbst kann ich nicht beseitigen. Ich kann nur dasjenige beseitigen, was mir von meinem Körper fühlbar wird, was mir bewusst wird! So schränkt James also zwangsläufig den inneren Blick ein, anstatt ihn für dasjenige, was möglicherweise erlebt werden könnte, zu öffnen. Für ihn selbst bleibt als Ergebnis dieser Prozedur nur ein «kalter und neutraler Zustand intellektuellen Erfassens» zurück. Kein Wunder.
Umgekehrt wäre vorzugehen, nämlich phänomenologisch beobachtend: Offen blicke ich auf dasjenige, was sich in mir vollzieht, wenn ich fühle. Da erlebe ich Körpersymptome, aber ebenso sehr erlebe ich, dass mein Gefühl der Trauer nicht identisch ist mit den Tränen, die mir über die Wangen laufen, nicht identisch ist mit dem gesenkten Haupt, den eingezogenen Schultern. Sondern beides geht Hand in Hand. Dies muss man phänomenologisch und begrifflich differenzieren. Das eine ist ein Gefühl, das andere sind Körpersymptome. James' Aussage, dass die Emotionen von Körpererscheinungen abhängig seien, ist weltanschaulich motiviert. Wenn Sie schreiben, dass «emotionale Prozesse» durch «Körperhaltung und Mimik verursacht» seien, argumentieren Sie wie James undifferenziert. Ja, Körperhaltung und Mimik gehen mit dem Gefühlserleben Hand in Hand, und selbstverständlich lässt sich das Gefühlserleben verändern, wenn ich Menschen dazu anhalte, ihre Körperhaltung und Mimik zu ändern. Dennoch folgt daraus noch nicht die

grundsätzliche (ontologische) Abhängigkeit des Gefühlserlebens von der Körperhaltung.
Ähnlich schwierig ist der Begriff der «Zwischenleiblichkeit». Wobei hier die Phänomenologen selbst ein Problem aufgeworfen haben, welches zu einem Reduktionismus führt. Unter dem Begriff des Leibes ist ein Beobachtungsfeld eröffnet, wo eben von nicht-sinnlichen Vorgängen zwischen Mensch und Mensch und Mensch und Welt gesprochen werden darf. Aber jetzt geschieht – ausdrücklich bei Hermann Schmitz – Folgendes: Alles, was in der abendländischen Tradition seit zwei Jahrtausenden differenziert als «Leib», als «Seele», als «Geist» beschrieben wurde, fällt plötzlich unter den Begriff des Leibes. Schmitz behauptet: «In dieser Grundschicht der Lebenserfahrung vor der kulturspezifischen Vergegenständlichung gibt es keine den Körper zum Menschen ergänzende Seele …» (Schmitz, Leib und Gefühl, 2008, 28)
Seine radikale Ablehnung des Seelenbegriffs lässt vermuten, dass er Angst hatte, seine «neue Phänomenologie» werde als unseriös, weil angrenzend an Spiritualität, abgelehnt. In der Folge wird der Leibbegriff nicht nur bei Schmitz, sondern auch bei Hilarion Petzold aufgebläht (z. B. Petzold, Integrative Bewegungs- und Leibtherapie, 1990, 190). Er umfasst nun alles, was man mit den Begriffen «körperlich», «leiblich», «seelisch», «geistig» differenziert hätte beschreiben können. Wenn jedoch die Fülle an Phänomenen, die in der Begegnung zwischen Menschen erlebt werden können, samt und sonders einer «Zwischen*leiblichkeit*» zugeschrieben wird, kommt es zu einer verkürzten Anthropologie.
Ja, wir begegnen uns von Mensch zu Mensch, wir sehen, tasten, berühren, riechen, eventuell schmecken wir uns – durch die Sinne. Dies ist die sinnlich-körperliche Ebene. Doch dann gibt es da dieses Erleben zwischen uns, wo du gähnst, wenn ich gähne, wo du dich streckst, wenn ich mich strecke, wo du dich räusperst, wenn ich mit kratziger Stimme spreche. Nur hier ist es sinnvoll, von Phänomenen der «Zwischenleiblichkeit» zu sprechen. Hier passt der Begriff «Leib», weil es sich um leibliche Phänomene handelt, leibliche Phänomene, die zu körperlichem

Verhalten führen. Aber dann gibt es eben auch das Phänomen, dass ich traurig werde, wenn du traurig bist, dass ich mich witzig und seelisch beweglich fühle, wenn du witzig und seelisch beweglich bist, dass ich einen Verlust verwinden lerne, wenn ich an dir erleben kann, wie man Verluste verwindet (weil du schon Verluste verwunden hast). Ist es sinnvoll, auch dieses Erleben als «leiblich» zu verstehen? Für mich ist es sinnvoller, hier von einem fühlenden Erleben im Fühlraum zu sprechen. Und dann könnte ich auch den Begriff aus der abendländischen Tradition heranziehen und sagen: Das hier ist die seelische Ebene, die von der leiblichen unterschieden ist.

Nebenbei bemerkt verstehe ich Husserl anders als Sie. Ganz gewiss wollte Husserl Descartes' Dualismus nicht radikalisieren, wie Sie auf S. 260 schreiben. Er wollte ihn überwinden. Da er selbst durchweg mit der idealistischen Tradition verbunden war, ist ihm dies letztlich nicht gelungen, wie an seinem Intentionalitätsbegriff deutlich wird. Eine Überwindung des Dualismus, ohne an Differenzierungsfähigkeit zu verlieren, kann erst auf dem Boden von Max Schelers und Erwin Straus' Forschungen möglich werden. Dies versuche ich im letzten Kapitel meiner Dissertation darzustellen.

Ihr Artikel traf den Kern meines Forschens. Wie stehen Sie zu meiner Kritik?

Viele Grüße
Ralf Matti Jäger

Von: Wolfgang Tschacher
An: Ralf Matti Jäger
Datum: 16. Januar 2015

Sehr geehrter Herr Jäger,

vielen Dank für die ausführliche und detaillierte Stellungnahme! Die Perspektive, die Sie bei Ihrer Kritik einnehmen, ist mir durchaus sympathisch, aber ich kann sie mangels einer tiefergehenden Kenntnis der Phänomenologie nicht ernsthaft selbst vertreten. Frau Storch und ich haben unsere Buchprojekte und Artikel immer von der Warte der empirischen Psychologie, so wie sie offiziell an den Universitäten vertreten ist, konzipiert. Wenn wir den Mainstream kritisieren – und das ist ja wohl unvermeidlich bei der Beschäftigung mit Embodiment und Kommunikation! –, klammern wir daher tendenziell diejenigen Positionen aus, die ohnehin nicht unter Kognitivismusverdacht stehen, und das sind etwa Vertreter der philosophischen Phänomenologie, die Enaktivisten, manche systemische Psychologen und andere mehr.

So ist etwa die Differenzierung von Körper und Leib sicher sinnvoll, der gelebte Körper (lived body) ist ziemlich genau das, worauf Embodiment hinauswill, aber das ist schwer zu vermitteln, weil eine solche phänomenologische Sichtweise in der psychologischen Wissenschaft kaum mehr bekannt ist. Wir kommen selber ja aus der akademischen Psychologie … Deswegen sprechen wir von der «Bidirektionalität» des Embodiment, die aber definitiv nicht einfach nur die James-Lange-Theorie sein soll. Überhaupt teile ich vermutlich Ihre Auffassung von James, den ich für überbewertet halte. James wird als funktionalistischer US-Psychologe international endlos zitiert, von Wilhelm Wundt, seinem akademischen Lehrer, ist nicht mehr groß die Rede … «Wirklich ist, was wirkt?» – nein, das ist ideologischer Quatsch. Wenn wir geschrieben haben sollen, dass Emotion durch den Körper «verursacht wird», ist das sowieso nur dann richtig, wenn man sieht, dass es umgekehrt auch stimmt. «Verursachung» ist in diesem Zusammenhang wohl ein problematischer Begriff, da haben Sie recht! Ich sehe hier eher einen *zirkulären* Zusammenhang. Es geht ja um die kernphilosophische Frage des Leib-Seele- oder Körper-Geist-Verhältnisses. Ich würde sagen, eine ungeklärte Frage. Keineswegs denke ich, dass der Körper den Geist verursacht. Embodiment soll auf keinen Fall eine Form des derzeit immer noch beliebten neurobiologischen Reduktionismus sein.

Ich interpretiere die genannte Bidirektionalität so, dass Körper und Geist/Emotion nichtlinear gekoppelte Teile eines Systemzusammenhangs sind. Wegen der Nichtlinearität (also der Nichtsummativität) lässt sich das Ganze nicht einfach in zwei oder mehr unabhängige Komponenten zerlegen: Ich kann also Geist nicht ohne Körper (und umgekehrt Körper nicht ohne Geist) denken oder definieren. Es gibt keine mögliche Richtung der Reduktion oder gar der Elimination.

Zwischenleiblichkeit: Aus dem gleichen Grund ist das empirisch ja gut zugängliche körperliche Zusammenschwingen in der «Embodied Communication (EC)» immer auch ein geistiges Zusammenschwingen und Stimmigkeitsgefühl. Auch hier haben Storch und Tschacher im EC-Buch keinen Reduktionismus im Sinn. Die zwischenleiblichen Phänomene, die Sie wunderbar beschreiben, sind übrigens für empirische Psychologen ideale Phänomene für Embodiment-Forschung: Viele dieser Phänomene lassen sich in sozialer (besonders auch therapeutischer) Interaktion sehr gut untersuchen, und wir haben dazu schon einige Projekte durchgeführt.

Ja, Husserl. Den muss ich nun wirklich einmal ernsthaft lesen. Auf Seite 260 habe ich nur geschrieben, was jemand über Husserl geschrieben hat, weil es mich ärgerte, dass immer alle meinen, Descartes bashen zu müssen. Ich sehe mich zwar nicht als Substanzdualisten, aber irgendein Monismus leuchtet mir noch viel weniger ein. Sie sehen aber, dass ich Husserl und die Phänomenologie (Merleau-Ponty etwa) immer positiv zitiere, dabei hat mir übrigens die fruchtbare Auseinandersetzung mit Thomas Fuchs aus Heidelberg geholfen.

Nochmals vielen Dank für Ihre anregenden Ideen und Bemerkungen! Zum richtigen Phänomenologen werde ich wohl nicht mehr werden können, aber es war und ist für mich lehrreich, zu sehen, dass die Einsichten, die ich während Jahren in der kritischen Auseinandersetzung mit der akademischen Psychologie und Kognitionswissenschaft meine erreicht zu haben, oft identisch sind mit phänomenologischen Einsichten. Es ist ja nicht falsch, wenn man sich von unterschiedlichen Ausgangspositionen an einem ähnlichen Ort einfindet.

Beste Grüße
Wolfgang Tschacher

7. Kapitel: Nachwort und Manifest der Embodied Communication

Wir sind in den fünf Kapiteln dieses Buches weit in der Welt herumgekommen. Zuerst bestückten wir in Kapitel 1 einen theoretischen Kognitions-Rucksack mit Embodiment-Theorie und -Forschung; beides packten wir zur Systemtheorie und Synergetik hinzu. Damit wanderten wir durch die Gefilde der Kommunikation in Kapitel 2, überquerten die Kanaltheorie fröhlich und trockenen Fußes und stellten fest: Das, wovon die herkömmlichen Sender-Empfänger-Modelle der Kommunikation ausgehen, muss wohl – embodied – mit anderen und neuen Augen gesehen werden: Die menschliche Kommunikation ist eher durch Synchronie auf verschiedenen Ebenen gekennzeichnet. Synchronisationsprozesse erlauben ein realistischeres Bild von Kommunikation als der Versuch, das, was ein Sender an einen Empfänger senden könnte, genau zu erfassen. Eine «Botschaft» ist ein fiktives Etwas. Ganz im Sinne der Selbstorganisation sahen wir: Kommunikation ist eher dasjenige gewisse Etwas, das sich ereignet, wenn an einer Interaktion Beteiligte sich synchronisieren. Selbstorganisation kann man nicht wollen oder kontrollieren. Aber man kann ihre Randbedingungen wählen! In Kapitel 3 haben wir die Erkenntnisse aus dieser Wanderung auf den Kommunikationsalltag zuhause angewendet: Was tun, wenn negative Affekte auftauchen? Wie können wir mit Pizzawürfen umgehen, die aus starkem negativem Affekt resultieren? Durch das Arbeiten an den Randbedingungen natürlich – durch Pizza-Analyse und andere Techniken, die den Körper in die Konfliktlösung einbeziehen! Aber man muss zuhause nicht immer gleich vom Konfliktfall ausgehen. Das würden wir niemals tun (Kapitel 4). Wenn man jemandem etwas Gutes tun will, ist es zielführend, ihn zu verstehen – aber was ist unter «verstehen» zu verstehen, wenn man an fixe Botschaften nicht mehr glauben mag? Wir stoßen hier auf das Stimmigkeitsgefühl, also die Synchronie auf einer Ebene, wo Bedeutungen gemeinsam mit einer anderen Person verstanden und erzeugt werden. Auch für Stimmigkeit lassen sich die geeigneten Randbedingungen schaffen, nämlich durch das AAO-Geschenk, also durch Aufmerksamkeit und durch offene Augen und Ohren. Wenn das nicht funktioniert, gibt es immer noch die Blutgrätsche, bekannt aus dem Fußball. Diese Technik, die in der Regel die rote Karte zur Folge hat, gehört jedoch nur zu Plan B. Die edleren Kommunikationsspielweisen, die wir im Rahmen der Embodied Communication empfehlen können, sind in Kapitel 5, unserem Workshop-Teil, aufgeführt. Hier steht, wie man die Techniken Ideenkorb, Affektbilanz und Pizza-Analyse privat und auch professionell einsetzen kann.

Nun sind wir also in unserer Wanderung durch die verkörperte Kognition und Kommunikation so weit vorangekommen, dass wir bei der Versuchung angelangt sind, ein Manifest der Embodied Communication zu formulieren. Es gibt viele interessante Beispiele für Manifeste. Ohne dass wir uns mit Kollegen, die Manifeste verfassen, messen wollten, fallen uns automatisch das Kommunistische Manifest (Marx & Engels, 1848), das Dadaistische Manifest (Huelsenbeck, 1920) und das Manifest der Hirnforscher (Elger et al., 2004) ein. Manifeste sind immer plakativ und in der Rückschau manchmal auch komisch oder verblendet oder irreführend. Es ist demnach hochgradig riskant, Manifeste zu verfassen. Hier also ist unseres, in drei Thesen.

Manifest der Embodied Communication

These 1. Es gibt keine Botschaft

Die grundlegenden Definitionen von Kommunikation gehen davon aus, dass es bei Kommunikation um die Übertragung einer Botschaft oder Information geht. Wir halten die Vorstellung von einer fixen Botschaft für ein Trugbild. Solche Botschaften gab es höchstens beim Morsen und in der Flaschenpost früherer Zeiten. In allen uns bekannten Kommunikationssituationen dagegen geht es um Beziehungen und Interaktionen zwischen Menschen. Die Information, die «Botschaft», entsteht erst im Prozess – während der Interaktion.

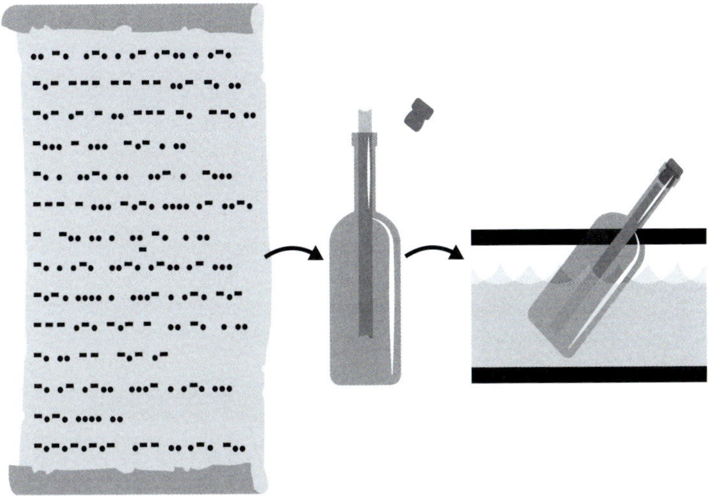

Es gibt keine Botschaft! Information auf einen Datenträger packen + in eine Flasche einkorken + ab in den Kommunikationskanal = Kommunikation? Nein, Flaschenpost ist eine unzureichende Metapher für wirkliche Kommunikation! (Der Morsetext auf dem Blatt Papier links lautet übrigens: «in realer kommunikation gibts keine fixe botschaft die in einer flasche verkorkt in einem kanal verschickt wird»)

These 2. Es gibt keine Richtung der Kommunikation

Es macht nach unserer Meinung keinen Sinn zu glauben, dass bei Kommunikation eine Information von A nach B geht, vom Sender zum Empfänger gesandt wird. Kommunikation ist ein offenes System, in dem sich viele Elemente wechselseitig und zirkulär beeinflussen. Wer sendet, empfängt zugleich auch – wer empfängt, sendet zugleich auch. Wir finden hier beidseitige Beeinflussung, die gleiche Dynamik also wie grundlegend auch beim Embodiment der Kognition zwischen Körper und Geist. Das ist wenig überraschend, Kommunikation ist schließlich ebenfalls embodied.

These 3. Kommunikation kennt keine Kontrolle

Die Geschichte der Kommunikation ist voll von Versuchen, Kommunikation präzise zu kontrollieren. In aller Regel ist dieser Versuch vergeblich. Wir fanden mehrere unterschiedliche Gründe,

Kommunikation hat keine ausgezeichnete Richtung

warum Kontrolle nicht zielführend ist: In komplexen und zirkulär verknüpften Systemen finden Musterbildungsprozesse statt, die nicht zu kontrollieren sind, weil sie selbstorganisierend entstehen. Wenn ich gewünschte Muster in einer Kommunikation direkt herstellen könnte, wären sie nicht echt und glaubwürdig – und damit auch nicht wirksam. Die gute Nachricht ist aber: Ich kann über die Gestaltung von Randbedingungen auf Kommunikation Einfluss nehmen! Indirekter Einfluss mit ruhiger Hand wirkt besser als direkte Kontrollversuche.

Literatur

Brown, N., Sokal, A., & Friedman, H. (2013). The complex dynamics of wishful thinking. The critical positivity ratio. *American Psychologist, 68*, 801–813.

Cacioppo, J. T., Priester, J. R., & Berntson, G. G. (1993). Rudimentary determinants of attitudes, II: Arm flexion and extension have differential effects on attitudes. *Journal of Personality and Social Psychology 65*, 5–17.

Damasio, A. (2014). *Descartes' Irrtum: Fühlen, Denken und das menschliche Gehirn.* München: List.

Elger, C., Friederici, A., Koch, C., Luhmann, H., von der Malsburg, C., Menzel, R., Monyer, H., Rösler, F., Roth, G., Scheich, H. & Singer, W. (2004). Das Manifest. Was wissen und können Hirnforscher heute? *Gehirn & Geist, 6*, 30–37.

Förster, J. (2003). The influence of approach and avoidance motor actions on food intake. *European Journal of Social Psychology, 33*, 339–350.

Fredrickson, B. (2013). Updated thinking on positivity ratios. *American Psychologist, 68*, 814–822.

González, J., Barros-Loscertales, A., Pulvermüller, F., Meseguer, V., Sanjuan, A., Belloch, V., & Avila, C. (2006). Reading cinnamon activates olfactory brain regions. *Neuroimage, 32*, 906–912.

Haken, H., & Wunderlin, A. (1991). *Die Selbststrukturierung der Materie.* Braunschweig: Vieweg.

Hansch, D. (2006). *Erfolgsprinzip Persönlichkeit.* Heidelberg: Springer.

Hauk, O., Johnsrude, I. & Pulvermüller, F. (2004). Somatotopic representation of action words in human motor and premotor cortex. *Neuron, 41*, 301–307.

Huelsenbeck, R. (1920). Dada Manifesto. In R. Huelsenbeck (eds.). *Dada Almanach*, 35–41. Berlin: Erich Reiss.

Jäncke, L. (2014). *Lehrbuch kognitive Neurowissenschaften.* Bern: Huber.

Kloeckner, A.-K., Heidbring, M. & Jenewein, W. (2011). *Lucerne Festival Orchestra. Vom Team aus Stars zum Starteam: Case Study.* Universität St. Gallen.

Kuhl, J. (2010). *Lehrbuch der Persönlichkeitspsychologie. Motivation, Emotion und Selbststeuerung.* Göttingen: Hogrefe.

Lakoff, G., & Johnson, M. (1999). *Philosophy in the flesh: The embodied mind and its challenge to western thought.* New York: Basic Books.

Lakoff, G., & Núñez, R. E. (2000). *Where mathematics comes from: How the embodied mind brings mathematics into being.* New York: Basic Books.

Leue, A. & Beauducel, A. (2011). The PANAS structure revisited: On the validity of a bifactor model in community and forensic samples. *Psychological Assessment, 23*, 215–225.

Marx, K. & Engels, F. (1848). *Manifest der Kommunistischen Partei.* London: Bildungsgesellschaft für Arbeiter.

Miller, G. A. (1956). The magical number seven, plus or minus two: Some limits on our capacity for processing information. *Psychological Review, 63,* 81–97.

Niedenthal, P. M., Barsalou, L. W., Winkielman, P., Krauth-Gruber, S., & Ric, F. (2005). Embodiment in attitudes, social perception, and emotion. *Personality and Social Psychology Review,* 9, 184–211.

Nüse, R. (1995). *Über die Erfindung/en des Radikalen Konstruktivismus: Kritische Gegenargumente aus psychologischer Sicht.* Weinheim: Deutscher Studien Verlag.

Ramseyer, F. & Tschacher, W. (2011). Nonverbal synchrony in psychotherapy: Coordinated body-movement reflects relationship quality and outcome. *Journal of Consulting and Clinical Psychology, 79,* 284–295.

Ramseyer, F. (2008). *Synchronisation nonverbaler Interaktion in der Psychotherapie.* Universität Bern: Dissertation.

Rizzolatti, G. (2012). The mirror mechanism: A mechanism for understanding others. *International Journal of Psychophysiology, 85,* 282–282.

Rosenberg, M. (2013). *Gewaltfreie Kommunikation. Eine Sprache des Lebens.* (11. Auflage). Paderborn: Junfermann.

Schulz von Thun, F. (1981). *Miteinander reden: Störungen und Klärungen.* Reinbek: Rowohlt Taschenbuch Verlag.

Schulz von Thun, F. (2010). *Miteinander reden 1: Störungen und Klärungen. Allgemeine Psychologie der Kommunikation.* (48. Auflage). Reinbek: Rowohlt.

Shannon, C. & Weaver, W. (1949). T*he mathematical theory of communication.* Illinois: University of Illinois Press.

Singer, T., Critchley, H. D., & Preuschoff, K. (2009). A common role of insula in feelings, empathy and uncertainty. *Trends in Cognitive Sciences, 13,* 334–340.

Storch, M., Cantieni, B., Hüther, G., Tschacher, W. (2010). *Embodiment. Die Wechselwirkung von Körper und Psyche verstehen und nutzen.* (2., erweiterte Auflage). Bern: Verlag Hans Huber.

Storch, M. (2011). *Das Geheimnis kluger Entscheidungen. Von Bauchgefühlen und Körpersignalen.* München: Piper.

Storch, M. & Krause, F. (2014). *Selbstmanagement – ressourcenorientiert. Grundlagen und Trainingsmanual für die Arbeit mit dem Zürcher Ressourcen Modell ZRM.* (5. Auflage). Bern: Huber.

Storch, M. & Kuhl, J. (2013). *Die Kraft aus dem Selbst. Sieben PsychoGyms für das Unbewusste.* Bern: Huber.

Thelen, E. (2003). Grounded in the world: Developmental origins of the embodied mind. In Tschacher W. & Dauwalder J.-P. (eds.). *The dynamical systems approach to cognition* (17–44). Singapore: World Scientific.

Tschacher, W. (1997). *Prozessgestalten. Die Anwendung der Selbstorganisationstheorie und der Theorie dynamischer Systeme auf Probleme der Psychologie*. Göttingen: Hogrefe (pdf des Buchs frei verfügbar, z. B. www.embodiment.ch).

Tschacher, W. & Bergomi, C. (eds.) (2011). *The implications of embodiment: Cognition and communication*. Exeter: Imprint Academic.

Tschacher, W. & Haken, H. (2007). Intentionality in non-equilibrium systems? The functional aspects of self-organized pattern formation. *New Ideas in Psychology, 25*, 1–15.

Tschacher, W., Ramseyer, F., Grawe, K. (2007). Der Ordnungseffekt im Psychotherapieprozess: Replikation einer systemtheoretischen Vorhersage und Zusammenhang mit dem Therapieerfolg. *Zeitschrift für Klinische Psychologie und Psychotherapie, 36*, 18–25.

Tschacher, W., Rees, G. M. & Ramseyer, F. (2014). Nonverbal synchrony and affect in dyadic interactions. *Frontiers in Psychology, 5*, 1323.

Tschacher, W., Storch, M. & Munt, M. (2014). Tanz: eine psychotherapeutische Technik? *Psychotherapie in Psychiatrie, Psychotherapeutischer Medizin und Klinischer Psychologie, 19*, 1–13.

Varela, F., Thompson, E., & Rosch, E. (1992). *Der mittlere Weg der Erkenntnis: Der Brückenschlag zwischen wissenschaftlicher Theorie und menschlicher Erfahrung*. Bern: Scherz.

Von Schlippe, A. & Schweitzer, J. (2012). *Lehrbuch der systemischen Therapie und Beratung I. Das Grundlagenwissen*. Göttingen: Vandenhoeck & Ruprecht.

Watzlawick, P., Beavin, J. H., & Jackson, D. D. (1969). *Menschliche Kommunikation. (Formen, Störungen, Paradoxien)*. Bern: Huber.

Wundt, W. (1863). *Vorlesungen über die Menschen- und Tierseele*. Leipzig: Voß.

Über die Autoren

Dr. Maja Storch

Studium der Psychologie, Philosophie und Pädagogik. Psychoanalytikerin und Psychodramatherapeutin PDH. Gründerin und Leiterin des Instituts für Selbstmanagement und Motivation Zürich (ISMZ). Lebt und arbeitet als Autorin, Trainerin, Erfinderin in Süddeutschland und der Schweiz.

Prof. Dr. Wolfgang Tschacher

Studium der Psychologie. Ausbildung in systemischer Psychotherapie. Gründer und Organisator der Herbstakademie-Konferenzen. Professor an der Universitätsklinik für Psychiatrie und Psychotherapie, Universität Bern. Lebt und arbeitet als Wissenschaftler, Forscher und Autor in Bern.